mallorca

gastronomie und kochkunst

Fotografie Oriol Aleu
Kochkunst und Stil Ana Torróntegui
Texte Marga Font
Grafik und Setzung Joseta Torróntegui

TRIANGLE POSTALS

Danksagung:
Roger und Joana, Flavia, Toni Monné und Maria Torróntegui, Oriol Casanovas, Toni Miquel, Cati, Ca'n Tià Taleca, Eduardo Sardà d'Associació per al foment de l'Ametlla Mallorquina, Bárbara de Bodegues Jaume Mesquida, Pere Picó d'Olis Sóller, IGP Ensaimada de Mallorca, Miquel de Forn de Sa Pelleteria, Associació de Pastissers i Forners, Ana Maria Victoria de Melmelades i confitures Asanideso, Sebastia d'embotits obrador, Bartomeu d'Embotits Aguiló, Jaume Clar d'Es Rafal, Melchor Lladó Mayol "Sion", Miquel de Formatges s'Atalaia, Jaume de Formatges Burguera, Vi d.o. Pla i Llevant, Vi d.o. Binissalem, Bernat Cofradia pescadors de cala Ratjada, Cristina IGP Sobrasada Mallorca.

Koordination und Projekl: Oriol Aleu
Kochkunst, Stilpflege, Bearbeitung und Durchsicht der Rezepte: Ana Torróntegui
Texte: Marga Font
Grapfisches Design und Layout: Joseta Torróntegui
Kulinarische Beratung: Ada Pascual
Küchenassistent: Toni Miquel y Oriol Casanovas
Fotographische Herstellung: Oriol Casanoves
Fotos: Oriol Aleu

Erste Auflage in spanischer Sprache 2007

ISBN: 978-84-8478-270-4

Druck: Aleu, S.A.
Llull 48-52, Barcelona

Sich der Kochkunst einer Ortschaft zu nähern, ähnelt einer Reise. Es ist eine Art und Weise, neue Gegenden durch ihre Gerichte zu erkunden, die nach Land und Meer schmecken. Dieser Band widmet sich der mallorquinischen Kochkunst und bietet dem Leser Informationen über Produkte, die zum Kennzeichen der Insel geworden sind, wie z. B. die Sobrasada, die Ensaimada und Mandeln. Aber er enthält auch Informationen über nicht so berühmte Produkte, die jedoch wesentlich in der Gastronomiewelt der Insel sind, wie etwa Öl, Honig, Kräuterliköre oder der Palo-Likör.

Die mallorquinische Küche bildet die Synthese aus verfügbaren Nahrungsmitteln und dem gastronomischen Erbe der Völker, die aus den verschiedensten Gründen hier angesiedelt waren, wie die Römer, die Juden, die Araber und die Katalanen. Hierzu gehört auch die Kreativität der Insel, angetrieben durch die Notwendigkeit der Ernährung, dem Wunsch nach Genuss, sowie durch die Isolierung, die das Leben auf der Insel kennzeichnete, bis das Zeitalter der Kommunikation Verbindungen zu anderen Ländern ermöglichte.

Das Buch endet mit einem Abriss der berühmtesten Rezepte und einer Wanderung durch den ureigensten Geschmack der Insel. Angenehme Reise und guten Appetit!

Mallorca und das Essen

«Es sind immer die Menschen mit der größten Fantasie, die am besten essen, weil sie – nach den Worten des Grafen von Clermont-Tornerre – den Ertrag des Bodens mit ihrem Herkunftsort verbinden. So empfinden sie dann die Bindung zu ihrem Land bis in den tiefsten Kern. Sie spüren, wie sich das geheime Wesen der Dinge mit ihrem eigenen Wesen verbindet. So kommunizieren sie mit ihrem Land in einer Art Liebes-Bankett". Diese Worte des galizischen Feinschmeckers Álvaro Cunqueiro spiegeln die wichtige Beziehung zwischen Kreativität und der Verfügbarkeit von Nahrungsmitteln wider. Die Menschheit hätte sich ohne Einbildungskraft nicht fortentwickelt, unser Überleben hing fast immer davon ab. Ohne Vorstellungskraft würde auch nicht das existieren, was wir heute unter Gastronomie verstehen.

Trotz der Abhängigkeit vom Tourismus, existiert noch die traditionelle Landwirtschaft auf der Insel. Rechts ein Besuch in *Capdepera*.

Auf der Grundlage dieser Beziehung lässt sich behaupten, dass die mallorquinische Kochkunst reich an Inspirationen ist, die aus frischen Produkten des Bodens und des Meeres stammen. Die traditionelle ländliche Gesellschaft, die vor dem Aufkommen des Tourismus basierte, zog daraus den größten Vorteil.

Von allen verfügbaren Produkten stellten die Tiere, wie das Schwein, und Bäume, wie der Feigenbaum, eine echte Wohltat für den Magen der Einheimischen dar.

Die Gastronomie der Insel ist ein vollendetes Beispiel für die Anpassung an die Umwelt, sowie ein Treffpunkt der Kulturen, die sich hier angesiedelt hatten, und ihrem kulturellem Erbe. Hier zeigen sich eigene Anteile, wie die *Sopes* (Gemüse, und gelegentlich mit Fleisch und sehr dünnen Schwarzbrotscheiben), *l'arròs brut* (Reis mit viel Brühe, der früher mit dem gerade verfügbaren Fleisch und Zutaten zubereitet wurde) oder der *frit de matances* (kräftige Mischung aus verschiedenen geschnittenen Schweinefleischsorten mit Gemüse und Gewürzen). Aber es gibt auch katalani-

sche Elemente, die heute Teil des anthropologischen Erbguts sind, wie die *Sofrits*, die *Picadas*, die die Eintopfgerichte schmackhafter machen, oder die *All i oli*; ein arabisches und jüdisches Erbe, das am Lammgeschmack und Kuchen wie die *Ensaimada* erkennbar ist; eine Kochkunst mediterranen Ursprungs die Delikatessen wie den *Tombet* (Kartoffel, Auberginen und gebratene rote Paprika) und reichhaltige Fischrezepte oder Wurstwaren, wie die *Sobrasada* hervorbrachte.

Bis zum Aufblühen des Tourismus waren die Landwirtschaft, das Angeln und die Viehzucht die Hauptaktivitäten in Mallorca. Da es sich um eine Insel handelt, förderte der Bedarf an Selbstversorgung die maximale Nutzung der natürlich vorkommenden Ressourcen, sowie die Entwicklung von Anbautechniken für Getreide, Weinbau und die des Olivenbaums. Bis zur Mitte des 19. Jahrhunderts blieb die autarke Inselwelt dank der Standarisierung des Seetransports unberührt. Dann erfolgten einige Änderungen im Bereich des vorherrschenden Anbaus. Schon Mitte des 20. Jahrhunderts wurden neue Entwässerungstechniken eingeführt, mit denen die Bewässerung verbessert wurde.

Während der letzten Jahrzehnte verteuerten sich das Land und die Arbeitskräfte. Traditionelle Tätigkei-

Die mallorquinische Gastronomie basiert auf frischen Boden- und Meeresprodukten.

ten wie die Landwirtschaft, Viehzucht oder das Angeln wurden zweit- oder drittrangig. Dennoch ist die gastronomische Kultur der Insel nicht in Vergessenheit geraten. Einige junge Bauern setzten auf die Modernisierung der Förderung und auf die Anpassung der traditionellen Produkte an den neuen Bedarf hochwertiger Nahrungsmittel. Heutzutage werden Produkte hergestellt, die durch verschiedene Qualitätsbezeichnungen geschützt sind, wie z. B. die Weine aus *Binissalem* und *Pla i Llevant* mit Gütesiegel.

Mallorcas geografische Vielfalt – mit Flachland und bergigen Gebieten, verborgenen Tälern, Wäldern, Trockenböden und Bewässerungsland - zeigt die Existenz verschiedener Böden und Mikroklimata an, die die Entwicklung von diversem Anbau und Viehzucht begünstigen. Das Meer bietet frischen Fisch und Meeresfrüchte. Nach dem von Generation zu Generation weitergegebenen gastronomischen Wissen der Mallorquiner werden hieraus Lebensmittel hergestellt, die den Wert der Land- und Meerprodukte steigern.

An Orten wie Cala Deià können Sie die besten Gerichte aus frischem Fisch und frischen Meeresfrüchten probieren.

Der Tramuntana Gebirgsrücken

Der Tramuntana Gebirgsrücken ist der steilste Teil der Insel. Hier herrschen der Olivenbaumanbau und die Schafzucht vor. Im Nordwesten Mallorcas gelegen bildet er einen Landstrich von fast hundert Kilometern, der achtzehn Gemeindebezirke, wie Calvià, Pollença und Escorca umfasst. Einige Bergspitzen überschreiten die Tausendmetergrenze, wie der *Galatzó* (1.026 M), der Teix (1.064 M) und der *Massanella* (1.348 M). Die höchste Bergspitze ist der *Puig Major* (1.443 M).

Es handelt sich um ein zerklüftetes, auf den ersten Blick feindlich wirkendes, Gebiet. Seit dem Einbruch des Massentourismus hat es jedoch große Veränderungen erfahren. Bis zu diesem Zeitpunkt waren die landwirtschaftlichen Flächen des Gebirgsrückens hauptsächlich im Grundbesitz zusammenfasst: Große Anbaufelder, die die Landschaft und die Lokalwirtschaft kennzeichneten. Die arbeitsfähige Bevölkerung hing von der Beschäftigung auf diesen Bauernhöfen ab, insbesondere während der Getreide- und Olivenerntezeit. Den Rest des Jahres arbeiteten sie auf kleinen Parzellen oder waren in der Forstwirtschaft beschäftigt, wie zum Beispiel bei der Herstellung von Holzkohle, Kalk oder Brennholz.

Jahrhundertelang war das Öl eine Quelle des Reichtums der Grundbesitzungen in den Bergen. Dieses Produkt wurde in großen Mengen in europäische Städte wie Italien, Frankreich oder Holland exportiert. Die Produktion wurde sehr wichtig: 1784 gab es bis zu fünfhundert Ölmühlen auf der Insel. Dort waren viele Arbeitskräfte beschäftigt: Hunderte von Frauen aus anderen Orten gingen während der Erntezeit zur Olivenernte ins Gebirge, während die Männer die Ölmühlen für die Ölproduktion vorbereiteten.

Die Sierra de *Tramuntana* ist eine der beeindruckendsten Landschaften der Insel wie z.B. die Bucht von *Tuent* oder *Formentor*.

Andere traditionelle Tätigkeiten waren die Holzgewinnung, das Grasfutter und die Jagd, insbesondere die Drosseljagd. Wichtig waren auch die Holzkohle- und Kalkherstellung, sowie das Sammeln von Schnee. Solche Tätigkeiten sind ein wichtiges anthropologisches Erbe, das man noch heute in der Nähe von einigen Bergspfaden bewundern kann.

Solche Tätigkeiten bildeten eine wichtige, zusätzliche Einkommensquelle für viele Familien. Die Holzkohlegewinnung fand im Frühling und Sommer statt, oft nahm die ganze Famil e daran teil. Man schnitt das Holz von Steineichen, Kiefernbäumen oder anderen Bäumen und Sträuchern. Das Holz wurde gestapelt und mit Bündelr von dünnen und frischen Zweigen bedeckt. Danach wurde das Holz langsam verbrannt. Schließlich wurde die Kohle aussortiert und zu anderen Dörfern oder nach Palma für den Verkauf transportiert.

Der Kalksteinreichtum ermöglichte auch eine wichtige Kalkproduktion. Diese wurde für Bauarbei-

Entlang der ganzen Küste befinden sich Verteidigungstürme, wie der in *Formentor*. Sie dienten zur Ankündigung der Ankunft von Piraten.

ten benutzt, für Menschen mit Kalkmangel, zum Isolieren von Häusern oder zur Desinfizierung von Zisternen. Ein anderes, wichtiges natürliches Mittel war auch der Schnee. In früheren Zeiten wurde er medizinisch sowie gastronomisch verwendet. Der Schnee wurde gesammelt und in den so genannten Schneehäusern (cases de neu) eingelagert. Diese bestanden aus bloßen Bodenöffnungen, die durch Steinmauern und einen gepflasterten Boden geschützt waren.

Eines der bezeichnendsten Landschaftsbilder des Gebirgsrückens sind die Terrassen oder Gartenbeete, - unter großer Anstrengung horizontal in den Berg eingekerbte Flächen -, die den Obst- und Gemüseanbau und das Zurückhalten des Wassers ermöglichten. Diese durch Trockenmauerwerk begrenzten Terrassen wurden in der Regel zum Anbau von Olivenbäumen, Mandelbäumen und Johannisbrotbäumen benutzt.

Heutzutage sind die wichtigsten Anbaugebiete die Täler der Sóller, die reich an Zitrusfrüchten sind, Pollença sowie die Gartenbeete der Banyalbufar, Estellencs und Deià. Die charakteristische Anbauart ist immer noch der Olivenbaum, manchmal zusammen mit Getreide und Johannisbrotbäumen, aus deren Früchten ein süßes, hochwertiges Öl hergestellt wird.

Dörfer der Sierra wie Deià ziehen Künstler und Intellektuelle an. Unten ein Besuch in *Puig Major.*

Auf den Fincas und Terrassenbeeten gibt es zahlreiche Olivenbäume. Aus der Frucht wird ein süßes hervorragendes Olivenöl gewonnen.

Der Pla - ein Landwirtschafts-schutzgebiet

Der Pla ist der innerste Landesteil der Insel mit dem größten Ackerlandanteil. Hier gibt es fruchtbare und begrenzte Felder, Getreidefelder, Johannisbrotbäume, Mandelbäume, Feigenbäume und Aprikosenbäume. Es werden auch hochwertiges Gemüse und Obst wie z. B. Artischocken oder Auberginen, Honig- oder Wassermelonen angebaut. Im Pla-Gebiet *Sant Jordi*, in der Nähe von Palma, überwiegen Viehfutter und Treibhäuser, besonders für den Tomaten- und Salatanbau. Auf vielen Landgütern lebt der Wein und die Weinproduktion erneut auf.

Dieser Landstrich bedeckt die tiefste Senke Mallorcas und liegt zwischen den beiden Bergketten: dem Tramuntana Gebirgsrücken und dem Gebirgsrücken von Llevant. Er besteht aus den Landstrichen *Algaida, Ariany, Costitx, Lloret de Vistalegre, Llubí, Maria, Montuïri, Petra, Porreres, Sant Joan, Santa Eugènia, Sencelles, Sineu und Vilafranca de Bonany*, ein ungefähr 600 km² langer Landstrich geringer Höhe. Das Klima ist durch sehr trockene Sommer und kalte,

Der Mandelbaum wird vorwiegend auf dem *Pla* angebaut. Die Mühlen, die heutzutage außer Betrieb sind, sind Teil der Landschaft dieser Gegend.

feuchte Winter und konzentrierte Regenfällen im Herbst gekennzeichnet, die den Wasservorrat beeinflussen und ein Bewässerungsland unmöglich machen. Generationenlang wurde auf dem eine Trockenkultur entwickelt, besonders von Getreide, durch die die ganze Insel versorgt wurde.

Die Dörfer im Inneren von Mallorca weisen eine Reihe gemeinsamer Merkmale auf, angefangen bei ihrem Aussehen: Steinhäuser rund um die Kirche und teils neben einem Kloster. Alle sind umgeben von Feldern mit Bäumen und Schafen, eine durch den Menschen verwandelte, bäuerliche Landschaft, die sich noch im Einklang mit der Natur befindet: Erde und Stein.

Eine traditionelle Landwirtschaft hat die Landschaft von Pla geprägt. Trotz eines entscheidenden Rückgangs seit dem Zeitalter des Tourismus blieben viele architektonische Denkmäler bestehen. Diese bilden heute ein riesiges, ethnologisches und kulturelles Erbe. Es ist also ganz einfach, Windmühlen zu finden.

Auf dem *Pla* werden Mandeln und Trauben angebaut, aus denen hervorragende Weine entstehen. Es gibt dort auch Paprika, der an der Sonne trocknet.

Viele davon sind heute Einfamilienhäuser. Vorrichtungen, die für die Wassernutzung konzipiert waren, wie Brunnen, Ziehbrunnen und Zisternen sowie Elemente des muslimischen Erbguts, zusammen mit einem bedeutenden Wortschatz muslimischen Erbes. Selbstverständlich gibt es auch auf der ganzen Insel die Großgrundbesitzungen, große Plantagen und Ackerbaufelder, wo die Bevölkerung der Gegend zu arbeiten pflegte. An ihren Grenzen entfalteten sich alle Tätigkeiten, die mit der Landwirtschaft und der Viehzucht verbunden waren. Die großen, in die Landschaft vorzüglich integrierten Häuser, sind ein schönes Beispiel für die örtliche Architektur.

In jedem Dorf des *Pla* findet wöchentlich ein Markt im Freien statt, wo die Bauer Obst und Gemüse ihrer eigenen Ernte, aber auch Wurstwaren, Käse und Handwerksprodukte verkaufen. Ohne Zweifel ist der Markt von *Sineu* der bedeutenste. Er findet jeden Mittwochmorgen statt und wurde vom König Jaume II im Jahre 1306 gegründet. Hier werden auch lebendige Tiere einheimischer Rassen verkauft. Bauern und Viehzüchter erscheinen hier schon früh morgens und nutzen die Gelegenheit, in einem der bekannten *cellers*, den ehemaligen Weinkellern, die zu Restaurants der gutbürgerlichen Küche umgebaut wurden, einen Teller „Frit"- Gebackenes (Kartof-

PORRERES
PETRA
PORTOCOLOM
MANACOR
STOP

C-717
38
ADROVER

feln, Gemüse, Schwein- oder Lammfleisch, alles fein geschnitten und gewürzt)- mit einem Glas Wein zu frühstücken.

Auch in *Sineu* findet am ersten Sonntag im Mai der älteste Jahrmarkt, der sich großen Zulaufs auf der Insel erfreut und der durch ein Privileg des Königs Sancho 1318 begründet wurde, statt. Dort gibt es Aktivitäten wie den Wettbewerb mallorquinischer Schäferhunde und Auktionen mit schwarzen und einheimischen Schweinerassen. Fast jeden zweiten Sonntag im Dezember findet die *Feria de Sant Tomàs* statt, mit dem häufigsten Produkt der Schlachtung, der *Sobrasada*.

Andere Märkte in Pla, die sich den Produkten des Landes widmen, sind zum Beispiel der *Melonenmarkt von Vilafranca de Bonany, der Honigmarkt von Llubí, der Rebhuhnmarkt von Montuïri und die Fira de Santa Eugènia*, wo ein Wettbewerb der balearischen einheimischen Hausgeflügel stattfindet.

Raiguer, Llevant und Migjorn. Raiguer ist die Übergangszone zwischen *Pla* und der Sierra. Sie verbindet Ackerbau- und Industriegebiete durch große Berghänge und fruchtbare Felder, wo traditionell Johannisbrotbäume, Olivenbäume und Mandelbäume angebaut werden. Heutzutage wird besonders der Anbau von Weinfeldern gefördert und ausgezeichnet. In diesem Gebiet wird ein hochwertiger Wein mit dem Gütesiegel *Binissalem* hergestellt. Am beliebtesten ist der Markt in Inca, der jeden Donnerstagmorgen stattfindet. Bemerkenswert sind auch die Feiern Fira des Veremar (Winzermarkt), der Weinmarkt in Binissalem, der des Esclata-sang (Edelreizker) in Mancor de la Vall und der Markt in Vi Novell (Jungwein) und in Santa Maria del Camí.

In den Ortschaften **Llevant** und **Migjorn** wird Schafvieh gezüchtet, insbesondere in dem Gebiet der Artà, sowie Schweinevieh in Manacor und Felanitx. Auch im Landstrich Manacor findet man große Anbaufelder mit Tomaten, Melonen, Wassermelonen, Kopfsalat und Auberginen. Es gibt lokale Unternehmer, die hochwertige Wurstwaren herstellen, insbesondere die *Sobrasada*. In den letzten Jahren wurde der Weinberg und die Herstellung von Weinen mit der Herkunftsbezeichnung Pla i Llevant immer bedeutender. Wichtig sind auch die Anbauten von Getreide und Viehfutter sowie die Bepflanzung der Äcker mit Mandelbäumen. Außerdem wird auch sehr guter Kuh-, Schafs- und Ziegenkäse hergestellt. Natürlich sind die Landwirtschaftsmessen auch sehr wichtig, insbesondere die Messe Mostra de la Llampuga in Cala Rajada (Capdepera), die im September stattfindet, und die Fira del Pebre Bord (gemahlener Paprika) in Felanitx im Oktober.

In den Dörfern im Landesinneren erhalten sich die Traditionen sowie eine von Generation zu Generation weitergegebene Kochtradition.

Schätze aus dem Meer

In Rahmen der christlichen Gastronomie galt der Fisch als Nahrungsmittel der Fastenzeit. Er symbolisierte die Reinigung, obwohl der französische Gastronom Brillat-Savarin seine anregenden Qualitäten hervorhob. Früher war er ein volkstümliches Lebensmittel im abwertenden Sinn des Wortes. Überraschend ist die geringe Anzahl von Fischrezepten in alten Kochbüchern.

Aber die Zeiten haben sich geändert. Heutzutage ist das Essen von Fisch und frischen Meeresfrüchten ein echter Luxus, besonders weil sich einige Fischfanggebiete wegen Überproduktion am Rande des Zusammenbruchs befinden. Der Fischfang ist eine wichtige Tätigkeit in Mallorca, die über eine gute Fischfang-Flotte verfügt. Überwältigend ist die große Artenvielfalt und die verschiedenen Zubereitungsmöglichkeiten der Meeresfrüchte. Viele Fischgerichte, die in den besten Restaurants der Insel serviert werden, stammen von alten Fischerrezepten.

Die Küste zeichnet sich durch Felsen, Strände und Buchten wie in *Agulla* aus, sowie durch Dörfer, die heute vom Tourismus beeinträchtigt wurden.

Die für das Fischen benutzte Gesamtfläche der Balearen beträgt 28.000 km2. Hauptfischereihäfen sind Palma, Santanyí, Port d'Andratx, Sóller, Alcúdia und Cala Rajada. Das die Inseln umgebende Meer sorgt für eine riesige Vielfalt an Fischen, Krebs- und Weichtieren, jedoch verdienen einige davon besondere Aufmerksamkeit wegen ihrer Bindung an Mallorcas Gastronomie und Tradition.

Die Küstengebiete sind reich an den so genannten Steinfischen. Darunter befinden sich geeignete Spezies für Brühen und Suppen, und andere, die sehr gut auf dem Grill oder im Ofen zubereitet werden können, wie der Skorpionfisch (auf katalanisch Escòrpora), der braune Drachenkopf (Cap roig), der Meerpfaff, die Dorade (Orada), die Brandbrasse, der kleine Sägebarsch (Serrà) oder der Dreifleck-Preußenfisch (Donzella).

Häufig vorhanden sind auch einige der geschätztesten Fischarten des Mittelmeeres, wie der Seebarsch (Anfós), die Meerbrasse (Besuc), die Streifenbarbe

Einige der schönsten Orte: Sa Foradada (oben),
die mystische Bucht Deià (unten) und der Strand Ses Salines
(rechts).

(moll de roca), der braune Gabeldorsch (Mòllera) und die Geißbrasse, (Sard), aber auch schlangenförmige Fische wie die Muräne, der Aal oder flache Fische, wie der Heringskönig (bruixa).

Unter den Fischen, die weitab der Küste leben, kann man blaue Fische, wie die Sardine, die Makrele, den Thunfisch, den echten Bonito, die Sardinelle, die Sardelle und den Rabenfisch fangen. Auch sollte man den Schwertfisch nicht vergessen, der gegen Ende des Sommers im Meer der Balearen auftaucht, sowie die selten zu findende und sehr geschätzte große Goldmakrele (Llampuga). Auch Tiefseefische sowie Fische aus der Familie der Haifische, Protagonisten der köstlicheren Gerichte, wie der Rochen, der Glatthai oder der Katzenhaie, werden verzehrt.

Neben den Fischen nehmen Kopffüßer wie die Sepia, der Tintenfisch und der Oktopus einen Hauptplatz in der Gastronomie der Insel ein, insbesondere mit Reis oder als Eintopf mit vielen Zwiebeln. Und selbstverständlich auch Schalentiere wie die rote

Llucalcari ist ein friedvoller Ort, den der britische Schriftsteller Robert Graves, Autor von *Yo, Claudio*, zu besuchen pflegte.

Languste, die als eine der besten des Mittelmeeres gilt, sowie verschiedene Krebsarten, hellrote, rote und weiße Garnelen, die oft auf dem Blech mit ein bisschen Öl und Meersalz gegrillt werden.

Frischen Fisch auf irgendeinem der Märkte von Palma zu kaufen –wie zum Beispiel dem s'Olivar oder Santa Catalina– oder auf den Fischmärkten der Küstendörfer ist ein echtes Ritual. Außerdem ermöglicht es dem Käufer, etwas über die Herkunft der Produkte zu erfahren und sie während Fischsaison zu verzehren, in der die Preise günstiger sind und der Geschmack intensiver. Über das Vergnügen, auf dem Markt zu kaufen, möge ein Zitat des bekannten Kochs Paul Bocuse genügen: "Jeden Morgen ... gehe ich auf den Markt und schlender an den Ständen entlang. Mache ich persönlich den Einkauf, weiß ich zum Beispiel, dass der eine Bauer hochwertige Disteln hat, der andere guten Spinat, und der da heute Morgen mit seinem köstlichen Ziegenkäse gekommen ist. Ich weiß oft nicht, welche Gerichte ich als Menü servieren werde: Das hängt davon ab, was ich auf dem Markt finde. Dies ist – meiner Meinung nach – das Geheimnis der guten Kochkunst ... Es ist schade, dass meine Zeitgenossen langsam das Gefühl für die Jahreszeiten, den Rhythmus und das damit verbundenen Zeremoniell zu verlieren scheinen".

Capdepera (oben) und *cala Figuera* sind zwei Enklaven. Dort kann man noch am täglichen Entladen von Fisch teilnehmen.

Ein mildes Klima und die Fruchtbarkeit des Bodens tragen dazu bei, dass Mallorca über eine große Vielfalt an Nahrungsmitteln verfügt, die durch Notwendigkeit und Fantasie in köstliche Produkte umgewandelt wurden: Wurstwaren wie die *sobrasada* und der *botifarró*, Wahrzeichen mallorquinischer Küche wie die *ensaimada.* Außerdem eine Reihe von Delikatessen, ob süß oder salzig: Einheimisches Olivenöl des Tramuntana Gebirgsrückens, Liköre wie der *Palo-Likör* oder Kräuterlikör; allerlei Konserven, Mandeln, Honig, Weine mit Gütesiegel ... Hochwertige Zutaten, die sich in den Rezepten einer sehr persönlichen Gastronomie, die weise die Geschenke der Erde und des Meeres zusammenbringt, vereinigen.

Inselprodukte

Der große Schirmherr

Das Schwein wird ungefähr seit zehntausend Jahren als Haustier gezüchtet. Ein Viertel des in der Welt verzehrten Fleisches stammt vom Schwein. Daraus werden auch Leder, Seife, Klebstoff, essbare Fette und Hormone, wie das Insulin, hergestellt. Alles von diesem Tier wird genutzt, was seine Zucht in ländlichen Gebieten wie Mallorca begünstigte.

Jahrhundertelang war es der große Schirmherr der mallorquinischen Gastronomie, insbesondere als diese eine Subsistenzökonomie war, eigentlich noch vor knapp fünfzig Jahren. Damals wurde ein ländlicher Kalender für die Schlachtung der Tiere geführt: Es war jedes Mal ein Festtag und stellte zugleich die Verpflegung mit Nahrungsmitteln für den Rest des Jahres sicher.

Weder das heutige Mallorca noch das gestrige Mallorca sind ohne die Allgegenwart des Schweines zu verstehen. Die Gesellschaft war und ist heute noch immer dem Schwein zugetan wie Trías Mercant in seinem unerlässigen Buch „Antropologia de la cuina mallorquina" erklärt: "Laut Anthropologie (...) bringt die Vorliebe für das Schwein die familiäre Zucht des Schweines und hausgemachte Gerichte mit sich. Die balearische Agrarkultur, hunderterprozentig auf das Schwein ausgerichtet, sonderte es sorgsam – wie in einem Ritus – von den anderen ab und mästete es achtsam für die Schlachtung".

Mallorcas ureigenste Schweinerasse ist die so genannte *porc negre*, die im Freien in Eichbaumwäldern und auf kleinen Hügeln gezüchtet wurde. Dieses Tier setzt häufig viel Fett an und wenn es sieben oder acht Monate alt ist, wird es zu den Masttischen gebracht und im Alter von achtzehn Monaten —wenn es um die zweihundert Kilo wiegt— geschlachtet.

Das Fleisch des schwarzen Schweins (*porc negre*) ist durch das Gütesiegel *Porc Mallorqui Selecte* (PMS) geschützt.

Identitätssymbol

Die sobrasada ist zu einer der Aushängeschilder Mallorcas geworden, entstanden aus der Notwendigkeit das Schweinefleisch aufzubewahren. Es gibt Leute, die die Meinung vertreten, dass der Name aus dem Italienischen «soprassata» hergeleitet wurde, was auch eine Wurstsorte aus dem Fleisch dieses Tieres bezeichnet. Sie wird mit Rohfleisch und ohne Blut zubereitet, getrocknet, und vor dem Verzehr bearbeitet. Ihr Vorkommen ist mindestens seit dem Mittelalter belegt, aber mit dem Erscheinen von gemahlenen Paprika aus den amerikanischen Ländern veränderte sie sich und wurde verfeinert, was ihr noch die typische Farbe verliehen hat. Ab dem 17. Jahrhundert wurde sie zu einem der repräsentativsten Nahrungsmittel der Insel.

Sie ist ohne Zweifel das am meisten geschätzte Produkt bei der Schlachtung, bei dem zur Wurstwarenzubereitung der Darm gesäubert und ausgewählt wird und das Fett und die Unreinheiten beseitigt werden. Für die Zubereitung der sobrasada wählt man das hochwertigste Fleisch. Man schneidet es und fügt etwas Speck (xulla) hinzu. Es wird fein geschnitten, damit es sich gut mit den anderen Zutaten mischen lässt: eine großzügige Menge an süßem, gemahlenem Paprika, scharfem gemahlenem Paprika je nach Geschmack. Die gut bearbeitete Mischung wird entweder roh oder frittiert probiert. Sie sollte nun sehr schmackhaft sein.

Sobald die sobrasadas hergestellt und angebunden sind, werden sie aufgehängt und die Transformation beginnt: Sie verlieren an Feuchtigkeit, die Fleischmasse verfestigt sich, der Geruch und die rote Farbe gewinnen an Relevanz. Nach einiger Zeit erhalten sie das charakteristische Aussehen. Sie sind fertig getrocknet und haben einen mehlstaubähnlichen Belag, der aus Pilzen und Hefepilzen besteht. Auch das Innere hat sich verändert.

Die trockene, rote Paprika, umgewandelt in Paprikapulver, ist unentbehrlich für die Herstellung der *Sobrasada*.

Die Herstellungsart der *sobrasada* hat sich kaum verändert.
Heutzutage ist sie geografisch geschützt.

Das schwarze Schwein lebt auf den *Fincas* der Insel im Freien. Nach achtzehn Monaten wiegt es ungefähr 200 kg und wird notgeschlachtet.

Die Vielfalt

Alles, was vom Schwein kommt, ist gut. Die herkömmlichen Wurstwaren, die bei der Schlachtung des Tieres erzeugt wurden, galten als Fleischversorgung für das ganze Jahr. Wie früher ist die sobrasada heute immer noch die Königin der Wurstwaren der Insel und erhält verschiedene Namen je nach Form und Größe. Sie war die erste spanische Wurst, die eine spezifische Bezeichnung durch die Europäische Union 1994 erhielt. Zwei Jahre danach erhielt sie auch das Siegel für die geografische Bezeichnung. Die Bezeichnung Sobrasada de Mallorca schützt zwei Sorten von Wurst, die auf der Insel hergestellt werden sollen, ohne Farbstoffe und ausschließlich aus Schweinefleisch, gemahlenem Paprika, Salz, Gewürzen und natürlichen Duftstoffen: zum einen die aus ausgewählten Schweinefleischsorten hergestellte Sobrasada de Mallorca; zum anderen, die Sobrasada de Mallorca de Cerdo Negro, aus dem Schweinefleisch der einheimischen Rasse. Der Consejo Regulador de la Sobrasada de Mallorca kontrolliert und analysiert das Produkt, er entscheidet, ob die Schweine der Rasse angehören, auf natürliche Weise genährt werden und mindestens ein Jahr lang im Freien leben.

Wurstwaren und Sobrasadas werden in der Regel aus Schweindärmen hergestellt. Die Vielfaltigkeit entspricht verschiedenen Produkten, unter denen die Folgenden herausragen:

1 Camaiot. Eine köstliche Wurst mit viel Fett, die aus der Speckschwarte, der Schweinshaxe oder dem Hals zubereitet wird.
2 Botifarró. Wurstware mit Blut, also mit kurzer Haltbarkeit, die man vom Rost, frittiert oder im Eintopf verzehrt.
3 Bisbe (Bischof). Sie wird hergestellt, indem der Schweinemagen mit sobrasada aufgefüllt wird. Sie hat eine längere Reifezeit als andere Stücke, deshalb verzehrt man sie meist im Sommer.
4 Culana. Eine lange und dicke Sobrasada aus dem Mastdarm. Sie kann bis zu fünfzig Zentimeter lang sein.
5 Llonganissa. Dünne Sobrasada aus dem Schweinedünndarm, der normalerweise fast sechzig Zentimeter lang ist. Sie braucht eine Woche der Reifung und kann gegrillt oder frittiert werden.
6 Arrissada (rizada). Diese sobrasada wird aus dem Dickdarm des Schweines hergestellt und nach einer gewissen Reifungszeit roh gegessen.
7 Bufeta. Diese wird aus der Harnblase des Schweines hergestellt und wird gewöhnlich in den Sommermonaten gegessen. Sie kann bis zu acht Kilo wiegen.

Die Reifezeit der *sobrasada* variiert je nach Größe und Dichte.

1
2
3
4
5
6
7

Lobrede auf die *ensaimada*

"Wenn du aus dem Ofen herauskommst, goldgebraten, strahlend und in deiner dekorativen Schönheit, so scheinst du ein Friedensstern zu sein". So drückte der katalanische Schriftsteller und Maler Santiago Russinyol seine Verehrung für die einsaimada aus Mallorca aus, die heute eine spezielle Bezeichnung erhalten hat, was ihre Qualität gewährleistet.

Auf der Insel gibt es zahlreiche Backöfen und Bäckereien mit örtlichen Köstlichkeiten in Hülle und Fülle, wie in *Sa Pelleteria*.

Die ensaimada ist ein rundförmiger Kuchen, hergestellt aus einem spiralförmig gerollten Teig aus Mehl, Zucker, Hefe, Eier und Schmalz (auf Katalanisch, saïm, woher der Name ensaïmada stammt). Ihre Herkunft ist unklar. Einige Historiker verteidigen die Theorie eines hebräischen Ursprungs, da ein jüdischer Bäcker diese dem König Jaume I während der Eroberung Mallorcas dargeboten haben soll. Aber andere verteidigen die Theorie eines arabischen Ursprungs. In einem Rezeptbuch über die mallorquinische Kochkunst von Jaume Ferrà i Martorell werden einige arabische, spiralförmige Kuchen, namens bulemes dolces, mit den gleichen Zutaten wie die ensaimada hergestellt, nur der Schmalz ist durch Schafsmilchbutter ersetzt. Trotzdem wird im gleichen Werk erwähnt, dass es auch einige Nachtischsorten in der jüdischen traditionellen Kochkunst namens bulemes gibt, und dass diese die gleiche Form einer Spirale haben.

Wie es auch immer war, ihre Beliebtheit auf und außerhalb der Insel steht außer Frage. Heute werden die ensaimadas nach dem traditionellen Rezept, aber mit allerlei Füllungen zubereitet. Wahrscheinlich waren die Originale nicht gefüllt, aber später erschienen viele verführerische Variationen: mit Kürbiskonfitüre, mit Sobrasadascheiben und Kalebasse (typisch zu Karneval) oder mit Aprikosen, Pudding, Sahne, Nugat, Schokolade oder Mandeln.

Wie wird die einheimische ensaimada aus Mallorca hergestellt? Obwohl heutzutage ensaimadas auch außerhalb der Insel hergestellt werden, sagt man, dass die wichtigsten Zutaten die Luft und das Klima der Insel seien. Man erzählt sogar, dass einige mallorquinische Bäcker zur Vorbereitung der ensaimadas an anderen Orten der Halbinsel alle Zutaten aus Mallorca verwendet hätten, ohne das gleiche Resultat zu erhalten.

Um eine ensaimada, deren Grundzutaten Weißmehl, Hefe, Schmalz, Zucker, Eier und Wasser plus die gewünschte Füllung sind, zuzubereiten, gehen die mallorquinischen Bäcker wie folgt vor:

1 Kneten. Man löst die Hefe in lauwarmem Wasser auf und mischt so lange wie nötig alle Zutaten mit den Händen, bis der Teig elastisch und dünn wird. Man lässt diesen Teig an einem warmen Platz aufgehen bis er, dank der Hefe, mindestens doppelt so hoch wird.

2 Laminieren. Auf einer mit Mehl bestäubten oder gut mit Öl bedeckten Oberfläche rollt man den Teig mithilfe einer Rolle, die auch mit Öl oder Mehl bedeckt ist, aus.

3 Einrollen. Man fügt Schmalz hinzu und rollt den Teig nochmals aus, bis er wie ein sehr dünner und eiförmiger Crepe aussieht. Er wird nach unten gefaltet, bis ein dünner und ausgedehnter Streifen entsteht.

4 Herstellung eines Streifens. Mit den Händen rollt man den Teig ein und lässt ihn eine Weile gehen, bis er durch die Hefe aufgeht.

5 Dehnung. Sobald er aufgegangen ist, ergreift man den Streifen an den Enden. Er wird gedehnt und vorsichtig aufgerollt. Dieser Schritt ist entscheidend für das Gelingen der ensaimada.

1

2

4

3

5

Das Geheimnis der luftigen Konsistenz der *ensaimada* liegt im Schweineschmalz (*saim*). Daher auch stammt die Bezeichnung des Gebäcks.

ONTANE
Consell Regulador Indicació Geogràfica Protegida
ENSAÏMADA
de
MALLORCA

6 7 8 9

6 Spirale. Sobald der Teig gedehnt worden ist, muss er in Form einer Spirale oder einer zusammengerollten Schlange aufgerollt werden. Man dreht den Teig im Uhrzeigersinn und mindestens zweimal um seine eigene Achse. Die Streifen dürfen sich nicht berühren, da sie aufgehen und die Ränder sich treffen könnten.

7 Gärung. Nun legt man die ensaimada in eine Schale und lässt sie zehn oder zwölf Stunden gehen. Einige Bäcker haben nur für diese Phase einen Regalschrank, indem eine Temperatur und ein Feuchtigkeitsgehalt herrscht, der entscheidend für das Ergebnis sein soll.

8 Backen. Man schiebt die ensaimada in der Schale in den Backofen, der zuvor auf ungefähr 180 °C vorgeheizt wurde. Sobald sie einen dunkelgoldenen, etwas rötlichen Farbton erreicht hat und knusprig aussieht, holt man sie heraus.

9 Bestreuen. Sobald die ensaimada gut abgekühlt ist, wird sie ausreichend mit Puderzucker bestreut, bis sie ganz davon bedeckt ist.

Die mallorquinische Ensaimada verfügt heute über ein geschütztes geografisches Siegel für die Bezeichnung (IGP).So wird die Qualität gewährt und eine Nachahmung verhindert. Diese IGP bezieht sich auf die ensaimadas ohne Füllung (auf Katalanisch, llises) und auf die mit Kürbiskonfitüre hergestellte ensaimada (mit einem Anteil von mindestens vierzig Gramm Kürbiskonfitüre je hundert Gramm Teig). Die Ensaimada wiegt sechzig Gramm bis zwei Kilo, die Ensaimada mit Kürbiskonfitüre hundert Gramm bis zu drei Kilo. Die kleineren Ensaimadas werden während dem Frühstück oder einer Nachmittagsmahlzeit verzehrt. Die großen Ensaimadas werden allgemein in den traditionellen achteckigen Kisten verpackt, die fast alle Besucher mit nach Hause nehmen.

7

8

9

1

Delikatessen aus dem Backofen

Bäckereien und Konditoreien erlangen in Mallorca ein künstlerisches Niveau. Es gibt zahlreiche Bäckereien, in denen die typischen süßen oder salzigen Delikatessen der Insel hergestellt werden.

1 Landbrot. Dieses traditionelle Brot ist rund und enthält kein Salz. Es kann weiß oder schwarzbraun sein, je nach dem verwendeten Mehl. Dieses Brot, das früher die Landleute aßen, bestand aus unverfeinertem Mehl. Es wurde einmal pro Woche geknetet. Für das Backen wurde ein Holzofen benutzt. Mit diesem wurden auch die sopes hergestellt. Das sind sehr dünne Scheiben für die Zubereitung des berühmtesten mallorquinischen Gerichts. Als das Mehl verfeinert wurde, begann man, das Brot mit Weißmehl herzustellen. Aber heute hat sich das Schwarzbrot erneut bewährt und ist unverzichtbar für die Zubereitung eines guten *pa amb oli* (Brot mit Öl, Tomate und Salz, zusammen mit Wurst und Käse). Es hat ein kräftigeres Aroma als das Weißbrot. Seine Krümel sind braun und seine dicke und dunkele Kruste macht es länger haltbar.

2 Coca bamba. Diese aufgegangene coca mit seiner weichen Struktur wird in Portionen geschnitten und mit Schokolade oder Mandeleis verzehrt, ein unbedingtes Muss.

3 Duqueses. Ein süßes Zuckergebäck aus sehr dünnem, weichem Teig mit Quark hergestellt.

2

3

4

5

6

7

8

Delikatessen aus dem Backofen

4 *Robiols*. Ein Gebäck aus dünner Mehlpaste geknetet aus Öl, Schmalz und Eiern. Die Robiols sind halbkreisförmig und mit Kürbiskonfitüre, Quark, Pudding oder Marmelade gefüllt. Möglicherweise sind sie jüdischen Ursprungs, denn in der sefardischen Küche wurde ein Gebäck namens borekas mit der gleichen Halbmondform hergestellt.

5 ***Doblegats* (Teigtasche).** Halbmondförmige Blätterteiggebäcke mit einer Füllung aus Kürbiskonfitüre, Pudding oder Schokolade. Der Name deutet auf die Tatsache hin, dass der Teig überlappt wurde, um die Füllung einzuarbeiten.

6 Panades. Gebäckstücke ohne Hefe, die die Form einer zylindrischen, niedrigen Kiste haben. Die Füllung kann aus Fleisch, Fisch oder Erbsen bestehen. Die typischen Panades werden mit Lammfleisch vorbereitet und an Ostern verzehrt. Die Fischpanades werden nur während der Fastenzeit verzehnt.

7 *Cocarrois*. Hierbei handelt es sich um eine sehr dünne halbmondförmige Mehlpaste, die mit Gemüse, Rosinen und Pinienkerne gefüllt ist. Sie wurde traditionell nur während der Fastenzeit gegessen. Auch die Juden verzehrten ähnliches Gebäck zu Ostern. Es gibt zwei verschiedene Typen: die Gemüsevariante – mit Mangold, Spinat, Rosinen und Pinienkernen– und die Zwiebelvariante. Die Paste kann süß oder salzig sein.

8 Aprikosen-Coca. Eine coca aus süßem Teig und lockerer Struktur, die während der Aprikosensaison, also im Frühling, hergestellt wird. Manchmal wird die Aprikosencoca tiefgefroren, damit man diese Delikatesse das ganze Jahr über genießen kann.

Die Verbreitung der Weine

Der Wein besitzt über dreihundert Inhaltstoffe, die ihm eine einzigartige Struktur verleihen. Der Kenner beschreibt ihn anhand seiner Farbe, Aroma und Geschmack. Bezüglich des Geschmacks stellt der Wein mit Sicherheit das raffinierteste Produkt dar, das es gibt. Heutzutage bekunden die Balearen erneut das Interesse an dem Weinhandel, das sie im 19. Jahrhundert kennzeichnete. Viele Kellermeister verwenden bei der Weinproduktion die neuen Technologien und bemühen sich um hochwertige Jahrgänge.

Sehr wahrscheinlich waren die Römer die Ersten, die den Wein importierten und dessen Anbau auf Mallorca entwickelten. Seitdem war der Weinbau auf der Insel stets vorhanden. Eine der blühendsten Epochen war das 18. Jahrhundert, als die jährliche Produktion von 88.000 Hektoliter im Jahre 1777 im Jahre 1802 auf 335.331 stieg.

In den 30er Jahren des 19. Jahrhunderts vollzog sich ein entscheidender Rückgang aufgrund der schwierigen ökonomischen Bedingungen und der Blattlausplage. Aber kurz danach wurde Frankreich durch die Reblausplage heimgesucht und begann, Weine aus Spanien und Italien zu importieren, um der großen inländischen Nachfrage standzuhalten. Teilweise auch aus diesem Grund hat sich der Weinbau auf den Balearen schnell verbreitet. Um einen Überblick zu gewinnen, genügt eine einzige Angabe: 1891 wurden im Hafen von Palma, Porto Colom und Alcúdia insgesamt fast fünfzig Millionen Liter Wein nach Frankreich und auf die Halbinsel verschifft. In den darauf folgenden Jahren jedoch suchte die Reblaus die balearischen Weinberge heim. Die Weinberge verloren dadurch ihren Status als Hauptquelle des

Die Inselweine erlangen von Tag zu Tag höhere Qualität. Es existieren zwei Weinanbaugebiete mit Herkunftsbezeichnung: *Binissalem* und *Pla i Llevant*.

95

Reichtums der Inseln. Später wurden sie vernichtet und größtenteils durch Mandelbäume ersetzt.

Danach entwickelte sich der Wiederanbau der Weinberge langsam und amerikanische Reben wurden integriert. Während der ersten Hälfte des 20. Jahrhunderts begann der Weinanbau langsam anzuwachsen, aber der Bürgerkrieg brachte einen erneuten Rückgang des Weinbaus mit sich, da Artikel des täglichen Bedarfs wie Getreide Priorität hatten. Als ob das nicht schon ausgereicht hätte, begann Ende der achtziger Jahre ein entscheidender Abbau der Weinberge, der durch kommunitäre finanzielle Unterstützung gefördert wurde. Aber das Jahrzehnt der neunziger Jahre war im Hinblick auf die Qualität der Weine die beste Zeit des Weinhandels auf den Inseln.

Heute rücken die Bemühungen der Weinhändler um die beste Qualität ihrer Produkte und das Interesse der Verbraucher an den Produkten ihres Landes die mallorquinischen Weine an den Platz, der ihnen zusteht. Auf Mallorca gibt es zwei durch Herkunftsbezeichnungen geschützte Weinanbaugebiete: Binissalem und Pla i Lle-

Die örtlichen Weine entstehen aus einer Kombination der Vielfalt einheimischer Trauben und anderer Produkte.

vant. Auch auf dem Tramuntana Gebirgsrücken, in Andratx und Inca, wird Wein produziert.

Sorten. Die Auswahl in der Vielfalt der Sorten ist einer der wichtigsten Aspekte bei der Herstellung guten Weines. Normalerweise werden verschiedene Rebsorten gemischt, die das Endergebnis einen bestimmten Ton verleihen und bereichern. Einige örtliche Sorten, die die persönliche Note der mallorquinischen Produktion aufweisen, sind Folgende:

Manto negro. Eine Rebsorte reich an Zucker und Aroma, die einen fast farblosen Wein produziert, mit hohem Alkoholgehalt, geringem Säureanteil und bitterem Geschmack. Er bildet die Grundlage der dunklen Weine der Ortschaft Binissalem.

Callet. Eine andere dunkle Sorte, die dunkle, fruchtige Weine ergibt, körperlos, mit geringem Säureanteil, oder hellrote, aromatische Weine mit geringem Alkoholgehalt. Ein großer Anteil des Weinbaus der Pla i Llevant sind für den Anbau dieser Rebsorte bestimmt.

Prensal blanco. Hier handelt es sich um eine weiße Rebsorte, die einen hellgelben, strohfarbigen Wein ergibt, mit dem Aroma von reifem Obst, einem reinen und herrlichen Geschmack, mit einer fruchtigen Note, dem richtigen Säureanteil und körperreich. Dies ist die Hauptrebsorte für die weißen, Schaumweine der Ortschaft Binissalem.

1

2

3

für die Herstellung guter Weine ist neben dem Boden und dem Klima der Prozess der Weinbereitung sehr wichtig.

1 Die Weinherstellung beginnt mit der Weinlese, die normalerweise von Mitte August bis Ende Oktober erfolgt.

2 Die Weintrauben werden sorgfältig abgeschnitten.

3 Danach werden sie in Körben oder Kisten verpackt und in die Weinkellerei transportiert.

4 Anschließend werden die Weinbeeren gelöst. Der Keltertreter quetscht die Beeren mit einem exakten Druck aus, damit Kerne und andere feste Überreste den Most nicht verunreinigen. Die folgenden Prozesse mit ihren verschiedenen Verfahrenstechniken variieren und hängen davon ab, ob es sich um einen Weiß - Rosé- oder Rotwein handelt.

5 Danach erfolgt die Gärung, ein Prozess, der in der Regel acht bis fünfzehn Tagen dauert und bei dem sich der im Most enthaltene Zucker in Alkohol, diverse Bioverbindungen und Kohlendioxid umwandelt. Nach Abschluss des Gärungsprozesses werden einige Umfüllprozesse des Weines von einem Tank in einen andern durchgeführt, um feste Überreste zu entfernen. Zuletzt findet die Qualitätsauswahl statt und die entsprechenden Mischungen, um das gewünschte Ergebnis zu erzielen.

Weißwein. Bei Weißweinen wird der Most durch statische Dekantierung auf niedriger Temperatur vor der Gärung geklärt.

Rosé-Wein. Die Herstellung des Rosé-Weins und des Weißweins verläuft ähnlich. Hier wird jedoch eine dunkle Traubenmischung gewählt oder eine Mischung aus weißen und dunklen Trauben. Zur Extraktion der Farbsubstanzen wird der Most noch vor der Gärung mit

4

5

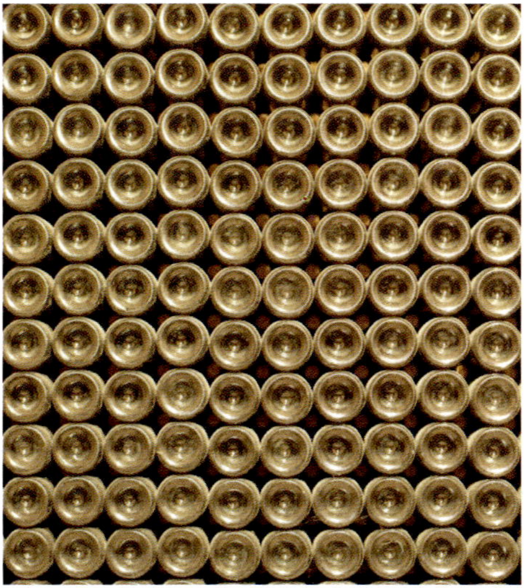

der Maische kalt eingeweicht. Danach werden die festen Stoffe des Mosts entfernt und die Gärung beginnt.

Rotwein. Der Rottraubenmost reift zusammen mit dem Weinschlauch, um die charakteristische Farbe zu erzielen. Rotweine haben zwei Gärungsprozesse: der erste ist die Alkoholgärung, in dem sich die Wirkung der Hefe vollzieht. Der Zucker wandelt sich in Alkohol um, Kohlendioxid wird abgegeben, die Farbsubstanzen der Beerenhülse lösen sich in Most auf. Das Kohlendioxid schiebt den Weinschlauch nach oben und formt eine natürliche Barriere, die im Kontakt mit dem Most die Extraktion von Farbsubstanzen aktiviert. Sobald die Farbe erreicht wurde, füllt man die Flüssigkeit – schon vor der Trennung der Feststoffe– von einem Tank in einen anderen um, wo die zweite Gärung, die für die Verfeinerung und Milde des Weins zuständig ist, stattfindet.

Nach Abschluss beider Gärungen wird der Wein einige Male umgefüllt und zur Klärung und Stabilisierung gebracht.

Zuletzt wird er nach Qualität aussortiert: Bei Jungweinen wird der Wein sofort in Flaschen abgefüllt oder in Holzfässern eingelagert, bis die erforderlichen Prozesse je nach Weineigenschaft vollendet sind. Einige Rotweine haben einen langen Ausbauprozess, während dessen sich die Komplexität der Komponenten steigert und das Bukett intensiver, feiner und milder wird. Die letzte Phase der Reifung findet in den Flaschen ohne Luft statt.

Früher wurde auf Mallorca die Ankunft des Jungweins gefeiert und durch Weinblätter an den Weinkellertüren signalisiert. Einige der alten Weinkeller (auf katalanisch cellers) wurden zu bürgerlichen auf die örtliche Küche spezialisierte Restaurants umgebaut.

RAMONEDA
02-6A

Gütesiegel

Auf Mallorca gibt es zwei Weinanbaugebiete mit Gütesiegel (DO): Binissalem und Pla i Llevant. Das DO Binissalem schützt Rot-, Rosé- Weiß- und Schaumweine, die prinzipiell mit den Trauben der einheimischen Rebsorten Manto Negro und Moll hergestellt werden. Die Rotweine haben einen hohen Alkoholgehalt, eine starke Persönlichkeit, Körperreichtum, Gleichgewicht und sind geeignet für die Nachbehandlung. Die Weißweine sind differenziert, delikat und fruchtig. Die Weingegend des DO Binissalem liegt im Herzen Mallorcas und umfasst die Ortschaften von Santa Maria del Camí, Binissalem, Sencelles, Consell und Santa Eugènia . Der Tramuntana Gebirgsrücken schützt sie vor den kalten Nordwinden und begünstigt ein milderes Mikroklima, mit trockenen, warmen Sommern und kurzen Wintern. Die Gegend, die das DO Pla i Llevant umfasst, ist eine der Gegenden mit der größten Tradition in der Weinproduktion, da der Wein dort schon seit der Herrschaft der Römer angebaut wurde. Die Produktion umfasst die Gemeindebezirke Algaida, Ariany, Artà, Campos, Capdepera, Felanitx, Llucmajor, Manacor, Maria de la Salut, Montuïri, Muro, Petra, Porreres, Sant Joan, Sant Llorenç des Cardassar, Santa Margalida, Sineu und Vilafranca de Bonany.

Fira des Veremar

Alljährlich, während der letzten Septemberwoche, findet in Binissalem die Fira des Veremar statt, zu der auch das Fest der Herkunftsbezeichnung Binissalem-Mallorca (Weinlesefest) gehört und an dem fast alle örtlichen Weinkellereien teilnehmen. Das ist ein wahrhaftiges Wein- und Traubenfest, für das zusätzlich Motivwagen, Musik, Tanz, Ausstellungen bezüglich der Weinlese, Traubenwettbewerbe usw. organisiert werden. Ein Beispiel für das Wiederaufleben des Weinhandels im Gebiet zeigt, dass im Jahr 2005 fast sechshundert Hektar für die Gütesiegel Weinherstellung genutzt wurden, mit fünfzehn Weinkellereien, die über achtzehntausend Hektoliter Wein produzierten.

Bei den durch das Gütesiegel Binissalem regulierten Weinen handelt es sich um Rot-, Rosé-, Weiß- und Schaumweine. Die meist produziertesten und bekanntesten sind jedoch die Rotweine. Hier ragen die Weine mit der Kategorie "Crianza" heraus. Bei den Weißweinen herrschen die Eigenschaften der Rebsorte Moll vor. Es sind sehr frische Weine mit fruchtigem Aroma.

An dem Fest nehmen alle Einwohner von *Binissalem* und der Umgebung teil. Es ist ein Eintauchen in die Kultur des Weines.

Meeresküche

"Der Fisch verändert sich, sobald er zubereitet wird, sozusagen auf Kosten der Ästhetik, aber zugunsten der Zähmung. Eine Frau, die beim Anblick einer frisch aus dem Wasser kommenden Languste fast einen Herzanfall bekommt, blickt das Krustentier strahlend und sanft an, wenn es ihr serviert wird; ... Der Mensch liebt die Metamorphose, der einzige Teil seines Organismus, der keine Traurigkeit erzeugt, ist die Vorstellungskraft". Diese Worte von Josep Pla, ein katalanischer Reisender, Gastronom und Schriftsteller, der oft auf Mallorca war und die Insel erkundete, spiegeln die gastronomische Leidenschaft und Magie, die die Küche des Fisches und der Meeresfrüchte schafft, wieder.

Als Insel profitiert Mallorca von den Meeresfrüchten. Die Fantasie zusammen mit der Notwendigkeit hat ausgezeichnete Rezepte erzeugt. Ein Großteil der Rezepte sind Gerichte, die von den Fischern selbst erfunden wurden und die man noch heute in den besten Restaurants, die auf frischen Fisch der Insel spezialisiert sind,genießen kann. Einige davon verfügen sogar über ihr eigenes Boot. Für die Bestätigung des Reichtums des balearischen Meeres genügt ein Spaziergang auf den Fischmärkten und Märkten der Stadt oder ein Besuch der täglichen Ausschiffung der Fischerboote im Hafen von Palma, Santanyí, Port d'Andratx, Sóller, Alcúdia und Cala Rajada, den geschäftigsten Häfen.

Einer der meist verzehrtesten Fische ist der **Seebarsch**, mit seinem weißen und feinen Fleisch und seinem milden und delikaten Geschmack. Er kann auf vielerlei Arten zubereitet werden, aber gewöhnlich wird er im Ofen mit Gemüse gebacken. Er kann ganz verwertet werden: Aus dem Kopf kann man

Die Goldmakrele ist der meist verzehrteste Fisch auf Mallorca. Sie wird ausschließlich am Ende des Sommers mit kunsthandwerklich gebauten Fischerboten gefangen.

eine hochwertige Fischbrühe zubereiten, oder ihn als Geschmacksverstärker von Suppen und Reisgerichten nutzen. Ein anderer köstlicher Fisch ist die **Sardine**, die im Sommer im Freien mit ein bisschen Öl und Meersalz gegrillt wird, obwohl sie mit Mehl bestäubt und frittiert auch köstlich schmeckt. Das Geheimnis liegt – wie bei jedem Fisch – darin, dass die Sardinen sehr frisch sein müssen.

Die **Seebarbe** ist ein wertvoller Fisch im Mittelmeer. Die besten Köche haben ihr einen hohen Stellenwert in der Kochkunst gegeben. Sie passt sehr gut zu angebratenem Gemüse und aromatischen Kräutern. Nach dem Frittieren entsteht ein köstlicher Ölduft, der nicht vergessen werden sollte. Wegen ihres delikaten Geschmacks ist es empfehlenswert, sie nicht zu lange kochen zu lassen. Auch die Römer mochten die Seebarbe sehr; sie war fester Bestandteil der geschätzten garum, einer Soße, die allerart Gerichte begleitete. Sie wurde hergestellt, indem sie unter den Fischstücken, die in einem Salz- und Kräuterbad lagen, garte.

Der **Laxierfisch** (auf katalanisch *gerret*) ist eine besondere Spezie, die auf Mallorca besonders geschätzt wird. Er hat eine weiche Struktur und besitzt ein intensives Aroma.

Sein Preis ist erschwinglich und man findet ihn

Um die Goldmakrelen zu fangen werden Netze, die *llampugueres* benutzt, unter deren schwimmenden Objekten sich die Fische versammeln

auf den Märkten, besonders während der Wintermonate. Das Weibchen hat den Vorteil, dass es fetthaltiger ist. Herkömmlicherweise wird der Laxierfisch mit Olivenöl gebraten oder mariniert. Er wird auch zur Anreicherung von Fleischbrühen verwendet.

Der **Rochen**, knorpelartig und aus weißem Fleisch, ist ein weiterer häufig konsumierter Fisch. Auf den Märkten werden verschiedene Rochenarten angeboten, der geläufigste Rochen ist der *Clavos*, gefolgt von anderen Arten. Der essbare Teil umfasst die Flossen und den zentralen Teil des Skeletts. Aufgrund seines starken Geschmacks empfiehlt es sich, ihn einige Stunden vor dem Kochen zu marinieren. Er wird mit Olivenöl mariniert mit Nudeln, oder gekocht mit Kartoffeln, Gemüse und Frühgemüse gegessen.

Der *Cirvia* (Zitronenfisch) ist einer der größten Fische des Mittelmeeres und kann ein Gewicht von fünfzig Kilogramm erreichen. Die Jungfische heißen *Verderoles* und werden gebraten oder mariniert. Sein Fleisch ist fest, stark und von erlesenem

Das handwerkliche Fangen der Fische ist ein wertvolles kulturelles und wirtschaftliches Erbe in Mallorca. Es zeugt vom selektiven Fang.

Geschmack. Große Stücke werden in Scheiben geschnitten und gegrillt, mariniert oder gekocht gegessen.

Der rote **Drachenkopf** (auf katalanisch *cap roig*) wird sehr wegen seines weißen Fleisches, das fest und konsistent ist und ein intensives Meeraroma ausstrahlt, geschätzt. Er ist unerlässlich für die Bouillabaisse, einer Fischsuppe mit Krustentieren, die durchsiebt und separat vom Fisch serviert wird. Auf Mallorca wird der rote Drachenfisch auf die urtüm-

Die geschäftigsten Fischerhäfen sind die von *Palma, Santanyi, Port d'Andratx, Sóller*, *Alcudia* und *Cala Rajada*.

lichste Weise verzehrt, gegrillt oder gut gekocht mit Kartoffeln und Gemüse.

Die Krake ist ein Kopffüßer, der häufig auf der Insel gegessen wird, sei es gebacken mit Zwiebeln oder gekocht und mit Olivenöl, gemahlenem Paprika und Salz angereichert. Auch spielt er eine Hauptrolle beim **Frit de pop** kombiniert mit Kartoffeln und Gemüse, angereichert mit Knoblauch und anderen Gewürzen. Sein Fleisch ist hart, weswegen eine lange Kochzeit benötigt wird. Eine weitere Möglichkeit zur Erweichung des Fleisches wäre vorheriges Einfrieren oder kräftiges Abklopfen. Man sollte auch nicht die Bedeutung der Tintenfische vergessen, die gegrillt oder auf verschiedenste Weise gefüllt werden. Das gilt auch für die Sepia, einem Tintenfisch, der hervorragend mit Zwiebeln, Rosinen und Pinienkernen sowie auch mit Zwiebeln, Tomaten und einem Stück Paprikastreichwurst gebraten werden kann.

Unter den Meeresfrüchten ragen die rote Languste oder die allgemeine Languste und die rötlichen Garnelen heraus, vor allem, wenn sie auf dem Grill ohne weitere Verzierung gebraten werden. Die Languste spielt auch eine Hauptrolle bei den erinnerungswürdigen Gerichten wie der mallorquinischen *Caldera* oder der *Marinera* Languste. Diese wird mit Reis gegessen.

Einige der besten Fisch- und Meeresfrüchterestaurants werden täglich von dem Fang ihrer eigenen Fischerboote beliefert.

Fische und Erbe

Das älteste Erbe Mallorcas stellt ohne Zweifel die Goldmakrele (lampuga) dar. Einige Leute behaupten, sein Name stamme von dem katalanischen Verb "*llampegar*" (funkeln), aufgrund der Tatsache, dass zum Sommerende hin das Auftreten von Stürmen mit dem Beginn des Fischfanges von Goldmakrelen

Am Ende des Sommers sind die Goldmakrelen zahlreich im Mittelmeer vorhanden. Sie werden an Bord der *llaüts* gefangen.

zusammenfällt. Für andere stammt das Wort aus dem Lateinischen lampare (glänzen), und bezieht sich auf die glänzend goldene Farbe des Fisches (tatsächlich ist im Spanischen auch der Name Goldfisch bekannt). Sein Fleisch ist schmackhaft und von intensivem Geschmack, obwohl er nicht zu den erstklassigsten Fischen gehört.

Er wird am Ende des Sommers gefangen, dann, wenn die Jungfische in Scharen im Mittelmeer auftauchen. Er wird mit einer *llampugueres* gefangen, Netzen, die schwimmende Objekte, unter denen sich die Fische normalerweise befinden, aufspüren. Die Fischer nutzen diesen Brauch und locken die Fische an, indem sie Bojen (capcers) ins Wasser lassen und später die Netze heraufziehen. Der Fischfang vollzieht sich an Bord der traditionellen Fischboote, den *llaüts*.

Gefischt wird vor allem ausgehend von den Häfen Söller, Pollenca, Andratx, Porto Colom, Cala Figuera und Cala Rajada. Schon in einigen mittelalterlichen mallorquinischen Rezeptsammlungen wird über die Zubereitungsweise der Goldmakrele berichtet. Heute wird er vor allem gegrillt, mariniert oder in Olivenöl gebraten verzehrt. Dazu gehören roter gebratener Paprika oder das *Tombet*, (ein köstliches Gericht aus Kartoffeln, Auberginen und rotem Paprika).

Goldmakrelen-Kostprobe

In Cala Ratjada, Capdepera, wird jedes dritte Wochenende im September die Goldmakrelen-Kostprobe gefeiert, die mit der Fangzeit zusammenfällt. Bei der Kostprobe werden mehr als dreitausend Kilo Goldmakrele gekocht, sowohl nach herkömmlichen als auch nach innovativen Rezepten. Es nehmen daran zahlreiche Einrichtungen mit den verschiedenartigsten Vorschlägen teil. Die Besucher können verschiedene Gerichte für den Preis eines einzigen Menüs ausprobieren. Die Kostprobe ist ein wahrhaftes Fest mit musikalischen Darbietungen und Ausstellungen alter Fischereiwerkzeuge oder Fotografien. Dort können so kreative Gerichte gekostet werden wie *la quiche de lampuga*, trockene Goldmakrelennudeln, Goldmakrelenkroketten und Garnelen, marinierte Goldmakrele. Oder auch die traditionelle Goldmakrele mit rotem, gebratenem Paprika, den man wenigstens einmal im Leben gegessen haben sollte.

Die *Mostra* ist eine gastronomische Gesamtschau der verschiedenen klassischen und innovativen Rezepte der Goldmakrele.

Flüssiges Gold

Das Olivenöl verwandelt jedes Lebensmittel in Gold. Es gibt ihm Persönlichkeit, erhöht seinen Wert, verändert seine Struktur und verleiht ihm Aroma, Geschmack und Farbe. Es stellt einen der wichtigsten Bezugspunkte der mediterranen Küche dar. Jahrtausendelang wurde es, außer für den Lebensmittelbereich, auch als Balsam, Salbe und rituale Essenz verwendet. Die moderne Diätetik verneigt sich vor ihm und gibt ihm den Stellenwert, der ihm zusteht, sowohl aufgrund seiner kulinarischen als auch aufgrund seiner heilenden Eigenschaften, die die Höhe eines bestimmten Typs von Cholesterin und das Risiko von Herzkrankheiten verringern.

Das Wort „*aceite*" stammt aus dem arabischen al-zait und bedeutet so viel wie „Olivensaft".

Phönizier und Griechen brachten die Olive auf die iberische Halbinsel, Römer und Araber verbesserten den Anbau und die Herstellung. Der Olivenhandel half der Entwicklung der Wirtschaft im mediterranen Raum und das Olivenöl wurde zum Speiseöl seiner Küche. Heutzutage wird fast neunzig Prozent des Olivenöls weiterhin im Mittelmeerraum hergestellt.

Auf Mallorca wird das native Olivenöl Extra mit Gütesiegel aus den verschiedensten Olivensorten hergestellt, der *Mallorquina*, der *Arbequina* und der *Picualolive*. Je nach Reifegrad der Früchte bei der Ernte werden zwei Arten von Olivenölen unterschieden: die fruchtigen und die süßen. Die erste Sorte stammt aus der frühzeitigen Ernte, während die zweite aus reiferen Oliven gewonnen wird. Sie zeichnet sich durch ihre gelbgoldene Farbe und den zarten Geschmack aus.

Die Bodeneigenschaften, das Klima, unregelmäßige Niederschläge und das höhere Alter der

Das Klima und die insulare Geologie begünstigen die Herstellung des sehr charakteristischen Olivenöls. Es ist fruchtig und sehr süß.

mallorquinischen Olivenbäume –einige sind fünfhundert Jahre alt- bedingen die spärliche Produktion von angemessenen Oliven, um ein Qualitätsolivenöl zu gewinnen. Diese Faktoren und die Vielzahl der verschiedenen Olivenarten auf Mallorca ergeben Olivenöle mit sehr persönlichen Eigenschaften.

Das auf der Insel hergestellte Olivenöl wurde schon im Altertum hoch gelobt. Schon in dem Werk „Die Balearen“, geschrieben von dem Erzbischof Luis Salvador de Austria während eines seiner Mallorcaaufenthaltes Ende des 19. Jahrhunderts, eine der besten dokumentarischen Arbeiten über das Leben und die lokalen Gewohnheiten der Insel, finden wir eine Lobrede auf die Qualität der einheimischen Olive und ihre wertvolle Verwendung in Salaten oder einfach für das köstliche *pa amb oli*, eines der üblichsten und meist geschätzten Gerichte in den Inselhaushalten.

Schon zur Zeit des Königreiches von Aragón, im 17. Jahrhundert, wurden Oliven und andere Produkte

Olivenselektion vor der Pressung für Olivenöl.

der Insel bis nach Nordafrika exportiert. Im 16. Jahrhundert stellte die Olivenherstellung eine Hauptquelle für den Reichtum vieler Landgüter dar, einige davon besaßen eigene Ölmühlen. Der Anbau der Olive erweiterte sich vor allem gen Norden und südlich der Sierra de Tramuntana. Bis zum 19. Jahrhundert war die Olive ein Grundbestandteil der Ernährung der Mallorquiner und ein sehr wichtiges Produkt für die Wirtschaft der Insel. Sie machte zwischen 65% und 80% des Exports aus. Mit ihr wurden die Importe von Produkten bezahlt, die auf der Insel kaum vorhanden waren, wie der Weizen.

Herstellung.

Das Gebiet der Herstellung und der Verarbeitung des Olivenöls erstreckt sich über fast alle Gemeinden Mallorcas. Einige Umweltfaktoren begünstigen den Olivenanbau wie z.B. die hohe Klimafeuchtigkeit. Dadurch können sich die Oliven, trotz der spärlichen Niederschläge, ganz leicht an die Trockenheitsperioden anpassen. Sie begünstigen die Olivenherstellung, ihre chemische Zusammensetzung und daher auch die Qualität der Olive.
Ein anderer positiver Faktor ist die *Serra de Tramuntana* im Norden der Insel, eine große natürliche Sperre, die den Anbau vor Schäden durch den Nordwind schützt.

Die Oliven werden vor dem Pressen für die Gewinnung von Olivenöl selektiert.

Einige Ölmühlen verarbeiten das Olivenöl mit einem kontinuierlichen System. Das Gewinnungsverfahren verläuft automatisch.

Die Olivenbäume findet man auf Parzellen von beliebiger Höhe, vom Meeresniveau bis zu achthundert Metern in bergigen Gegenden. Zum Schutz der Abhänge wurden die Berglandgüter jahrhundertelang terrassenförmig angelegt. Damit wurde auch die Erosion des Gebietes verhindert. Die Terrassen gehören zu den sinnbildlichsten Landschaften der Insel. Die der Sierra, die nach Süden ausgerichtet sind, ziehen Nutzen aus der größtmöglichen Sonnenbestrahlung und leiden nicht unter den kalten Nordwinden. Jedoch ist es oft schwierig, zu diesen Landgütern zu gelangen, was deren Anbautechniken stark beeinflusst. Im Allgemeinen sind die Erträge der Sierra weniger produktiv als die der Ebenen, da eine Mechanisierung oder die Ernte in steilen Gebieten weitaus schwieriger zu vollziehen sind. Dies alles führt dazu, dass die Oliven in einem frühzeitigen Reifungsstadium geerntet werden, womit sie einen eigentümlichen, süßen und sehr milden Geschmack erhalten.

Auf Mallorca werden die Oliven noch auf traditionelle Weise verarbeitet. Dafür werden sie in Steinmühlen, die man *rutlons* nennt, zerdrückt. Es entsteht eine Paste, die ausgepresst wird. Der daraus entstehende Saft enthält Wasser und Öl. Er muss ruhen, um ihn trennen zu können. Viele industrielle

Ölmühlen verarbeiten das native Olivenöl mit einem kontinuierlichen System, dessen Verfahren voll automatisiert ist. Je nach Qualität wird das Öl in verschiedene Behälter gefüllt und unter adäquaten Temperaturbedingungen eingelagert. Anschließend wird es vor dem Sonnenlicht geschützt in Flaschen gefüllt.

Tausendjährige Oliven.

Die ersten Anzeichen für die Existenz der Oliven auf Mallorca stammen aus dem 15. Jahrhundert, obwohl sich die eigentliche Erweiterung des Anbaus ein Jahrhundert später vollzogen hat. Die Bäume sind erhalten geblieben und es sind keine Anzeichen für Seuchen oder Brände bekannt, wodurch man sie hätte erneuern müssen, denn das Alter der traditionellen Anlagen der *Sierra de Tramuntana* lässt sich auf etwa fünfhundert Jahre datieren. Der Olivenbaum ist Teil der Landschaft und die Mallorquiner bestätigen, dass ihre Oliven die erste Stelle bei den Märchen und Legenden einnehmen und tausende von Jahren alt sind. Auch gibt es weitaus jüngere Bäume, die kaum älter als zehn Jahre sind.

Das Alter der Olivenbäume trägt im Ganzen gesehen zu den besonderen Eigenschaften der Oliven bei, die auf Mallorca verarbeitet werden. Die ältesten enthalten - im Gegensatz zu Oliven jüngerer Bäume - nahrhaftere Substanzen, die sich beim Wachsen der Frucht bilden. Dieses Aroma bleibt auch aus diesen Oliven hergestellten Öl erhalten.

Auf den Landgütern erfolgen sehr oft der gleichzeitige Anbau von Oliven und die Schafszucht. Schafe sind Tiere, die an das Klima angepasst sind und sie erfüllen eine doppelte Funktion:

Sie fressen das Unkraut und sie leisten einen Beitrag zum organischen Dünger. Die gleichzeitige Kombination von Bäumen und Tieren ermöglicht auch die Reduzierung von Pestiziden und Dünger. Die Umwelt wird weniger verschmutzt und es ergibt sich eine größere Rentabilität.

Die Terrassenbeete von *Tramuntana* ermöglichen die Beibehaltung der Abhänge und profitieren vom Regenwasser.

Grüne Oliven, schwarze Oliven und teilweise grüne Oliven

Oliven sind stets bei allen Aperitifen Mallorcas gegenwärtig. Das ist eine von den Römern geerbte Tradition: Sie werden vor den Mahlzeiten eingenommen, fördern so die Produktion von Magensaft und die Verdauung. Auf der Insel geht das *pa amb oli* oder das Brot mit Paprikastreichwurst zurück. Viele Familien bereiten ihr eigenes Olivenöl nach Rezepten, die von Generation zu Generation weitergegeben werden. Die Ernte der grünen Oliven erfolgt zu Herbstanfang, während die schwarzen Oliven Anfang Dezember geerntet werden, wenn sie schon sehr reif sind. Die letztgenannten sind sehr nahrhaft, da sie weitaus länger am Baum waren und weniger Wasser enthalten, dafür mehr Nährstoffe und Öl.
Auf Mallorca existieren drei verschiedene Formen von Oliven: die völlig grünen Oliven, die teilweise grünen Oliven und die schwarzen. Die traditionellsten sind vielleicht die teilweise grünen Oliven, mit sehr intensivem leicht bitterem Geschmack. Für ihre Zubereitung werden die besten Oliven ausgewählt (die zu ausgereiften oder ein bisschen angefaulten Oliven werden entsorgt). Anschließend werden sie mit einer Holzkeule zerdrückt, ohne den Kern zu zerstören. Sie werden eine Woche lang in Wasser eingelegt, das täglich gewechselt wird, um den bitteren Geschmack zu entfernen. In einer Glasschale die Oliven mit Zitronenscheiben, Fenchel- und Lorbeerblättern abwechselnd geschichtet. Zum Schluss wird alles mit einer Salzlake (die aus abgekochtem Wasser besteht, dem nach Abkühlung zwanzig bis dreißig Gramm Salz pro Liter beigefügt werden), überdeckt. Nach drei bis vier Wochen können die Oliven verzehrt werden.

Landschaft und Lebensmittel

Die Mandel ist ein bedeutender Teil der Landschaft und der Gastronomie Mallorcas. Die Mandelfelder, die sich über das gesamte Inselgebiet erstrecken, sind in ihrer Schönheit so spektakulär, dass sie in den Wintermonaten tausende von Besuchern anlocken. Die Bedeutung dieses Anbaus spiegelt sich auch in der Gastronomie wieder, wo die Mandel ein unerlässlicher Bestandteil vieler traditioneller Gerichte ist, seien sie süßer oder salziger Art.

Der Anbau großer Mandelfelder begann im 18. Jahrhundert; über fast zweihundert Jahren hinweg erwies sich deren Produktion als rentabel. Tatsächlich ersetzten sie die mallorquinischen Weinberge, als diese von der Reblausplage heimgesucht wurden. Danach wurden die Mandeln auf großer Bodenfläche angebaut, oft zusammen mit anderen Pflanzen wie dem Getreide.

Zwischen 1940 und 1950 jedoch ging der Mandelanbau zurück. Neu gepflanzte Bäume, oft in ungeeigneten Gebieten, erwiesen sich als unrentabel, und die Nachkriegszeit begünstigte den Anbau von Getreide, der in Zeiten der Not wichtiger war und sich mehr auszahlte.

Merkwürdigerweise war es der Tourismus, der der Mandel einen unerwarteten Auftrieb verlieh: Blühende Mandelfelder auf Mallorca dienten seitdem als Werbung zum Anlocken von Touristen.

Die Landschaft blühender Bäume im Winter, am Fuße der manchmal verschneiten Berge der Sierra, ist eine der schönsten poetischen Metaphern für das Versprechen eines Wiederaufblühens des Frühlings.

Heute ist die mallorquinische Mandel ein Produkt in voller Entfaltung. Mandelfelder erstrecken sich über

Mandeln werden am häufigsten auf der Insel angebaut, in Betrieben von fünf bis sechs Hektar.

Einige Häuser, die Mandelbäume besitzen, rösten die Früchte
und essen sie zusammen mit einem Aperitif.

einen Großteil der Inselfläche, obwohl wenige Bauern ausschließlich von ihrer Herstellung leben. Normalerweise verbinden sie ihre Nutzung mit dem Ertrag von Johannisbrotbäumen, einigen Trockenkulturen und Schafsherden, die man hier und da zwischen den Bäumen weiden sehen kann. Die Mehrzahl der Betriebe ist klein und umfasst zwischen fünf oder sechs Hektar mit einer durchschnittlichen Produktion von rund dreihundert Kilo pro Hektar.

Die Hauptgebiete der Produktion konzentrieren sich auf die Gemeinden von *Marratxi, Bunyola, Santa María, Sencelles, Lloseta, Selva, Manacor, Sant Llorenç und Sons Servera*. In den letzten Jahren hat die mallorquinische Mandel unter dem Preiswettbewerb und der kalifornischen Mandel gelitten, obwohl sie nach einheimischen Fachleuten dank ihres höheren Fett- und Zuckergehalts geschmackvoller sei.

Um der Produktion und dem Konsum der Mandel Aufschwung zu verleihen, schuf die *Asociación para el Fomento de la Almendra Mallorquina* die kollektive Garantiemarke Almendra Mallorquina. Diese Marke bezeichnet eine Mandel (*Prunus amygdalus reposteria*), die sich durch ihren Geschmack und ihre Fetthaltigkeit besonders auszeichnet und für Konditoreiwaren speziell geeignet ist. Sie wird in den verschiedensten Größen

Die winterliche Landschaft mit hunderten von blühenden Mandelbäumen diente als Touristenwerbung. Sie zieht immer noch Tausende von Besuchern an.

Die *Fincas* sind normalerweise durch Steinmauern getrennt Eine wahre Kunst, die nun wieder ihre Blütezeit auf der Insel erlebt.

verkauft (mit Schale, ganz, geschält, usw.), um den Gebrauch für den Konsumenten zu erleichtern.

In vielen Häusern und Landgütern, die noch über ein paar Mandelbäume verfügen, werden die Mandeln im Ofen geröstet und mit dem Aperitif gegessen oder serviert. Bei salzigen Gerichten, mit Knoblauch und anderen Zutaten, sind sie zuständig für die Konsistenz und den pikanten Geschmack der Gerichte. Auch werden sie zum Weihnachtsfest als Füllung des Spanferkels (Schweinchen), das im Gebiet von Llevant zubereitet wird, benutzt. Außerdem werden sie für die Zubereitung der *Turrons* – wie z.B. der Turroncoca, dem *Xixona*- oder Marzipanturron oder der *tambor d'ametlla* verwendet - , für die Herstellung von Eis (welches man sowohl mit rohen als auch mit gerösteten Mandeln zubereiten kann), von kleinen traditionellen Kuchen (bitter und schmalzig), von Nachtischen der feinsten Art wie *el gató*, und der nahrhaften Mandelmilch, ein erfrischendes Getränk aus dem Mittelalter, dass aus gepressten Mandeln und Wasser hergestellt wird.

Die Mandelernte vollzieht sich je nach Größe der *Finca* auf manuelle oder auch maschinelle Weise.

Geschenk der Götter

Der Honig war eine der ersten Köstlichkeiten der Menschheit, was Virgil schon in seinem Vorwort zu den Georgika belegt hat: „Jetzt werde ich über den Honig singen, dieser Rose der Luft, dieses süße Geschenk der Götter“. Griechen und Römer benutzten ihn als Sudflüssigkeit und verbanden ihn mit anderen Bestandteilen, um Fleischfüllungen, Pudding und Soßen herzustellen. Die Araber „überschwemmten“ ihre Nachtische mit Honig. Er diente zur Konservierung der ganzen Frucht oder als Marmelade. Die hindu-indische Küche benutzte ihn zur monatelangen Konservierung des Fleisches. Von der Antike hin bis zur Renaissance wurde er als Süßstoff verwendet, sowie auch als Gewürz für viele Speisen, gemischt mit pikanten Substanzen oder parfümiert.

Honig ist ein Naturprodukt, welches von den Bienen zur Nährung ihrer Larven erzeugt wird. Es gibt verschiedene Geschmacksrichtungen, Farben und Aroma, je nach der Blüte, die die Bienen bestäubt haben. Die Arbeitsbienen wandeln den Nektar (eine süße Substanz, die viele Blüten absondern, um die Insekten anzulocken) in ihren Mägen in Honig um.

Auf Mallorca wird der Honig vieler verschiedener Blüten verarbeitet, unter anderem die vom Johannisbrotbaum und vom Mandelbaum.

Auf Mallorca wird der Honig seit Jahrhunderten hergestellt. Die Imkerei, die Bienenzucht für die Bestäubung ihrer Ernten, die Gewinnung von Honig und anderen Produkten ist eine antike Kunst. Sie stammt vermutlich aus dem Vorderen Orient. Die Ägypter züchteten schon vor tausenden von Jahren Bienen und verkauften den Honig und den Wachs an die ostafrikanische Küste. Bis zum 19. Jahrhundert gewannen die Bienenzüchter den Honig und den Wachs, indem sie die Bienen töteten oder einschläferten, bis die Entdeckungen des

Nordamerikaners *Lorenzo Lorraine Langstroth* ermöglichten, diese Produkte aufzufangen, ohne die Insektenkolonie zu zerstören.

Der Honig besteht aus bis zu 80% Zucker, den der Organismus schnell aufnimmt. Kein anderes natürliches Produkt bringt sofort so viel Energie. Abgesehen von Wasser sind im Honig mehr als 180 Bestandteile nachgewiesen worden: fast ausschließlich Minerale, verschiedene organische Säuren und Aminosäuren. Wird der Honig erhitzt, verliert er einige seiner Bestandteile. Es ist ratsam, ihn an einem trockenen, kühlen und dunklen Ort zu lagern.

Auf den Balearen gibt es ungefähr tausend Bienenstöcke, mit einem Durchschnittsertrag von 6,36 Kilo pro Bienenstock. Es werden ungefähr 70 000 Kilo pro Jahr produziert. Die meist produzierteste Sorte ist unter dem Namen „tausend Blüten" (mil flores) bekannt. Für die Honigproduktion Mallorcas werden zwei Ernten durchgeführt: Die erste Produktion stammt von vielen verschiedenen Blüten und ist als Maihonig

Auf der Insel existieren elf Millionen Bienenstöcke, die ungefähr siebzig Millionen Kilo Honig jährlich produzieren.

bekannt. Er ist bernsteinfarben, reich an Mineralien und Vitaminen. Die zweite Ernte nennt sich Honignovember oder *Todos los Santos*. Sie wird grundlegend aus der Blüte des Johannisbrotbaumes gewonnen, ist sehr dunkel mit einer gewissen Verfestigungstendenz und weniger aromatisch und süß als die zuvor genannte. Einige Bienenzüchter gewinnen den Honig direkt nach bestimmten Blütezeiten. Auf diese Art gewinnen sie zum Beispiel den Mandelhonig, der einen intensiven, etwas bitteren Geschmack aufweist.

Auf der Insel wird der Honig vor allem als Bestandteil von Süßspeisen, *Turrones*, Marzipan und Kuchen genutzt, für die Erzeugung von Hydrohonig und Likören, sowie für einige Salatrezepte. Eine der außergewöhnlichsten Köstlichkeiten ist die Paprikafleischwurst mit Honig:

Die Paprikafleischwurst wird in der Pfanne gebraten, zwischen geröstete Brotscheiben gelegt und mit einem Schuss Honig bestrichen. Es werden auch Windbeutel aus Mangold mit Honig hergestellt. Auch Kuchen, *llesques de Papa* oder *torrijas* sind köstlich, wenn sie vor dem Verzehr mit Honig bestrichen werden. Es gibt einige Hydrohonigprodukte, Getränke, die auf Basis alkoholischer Gärung seit dem Mittelalter hergestellt wurden. Der Honig wird mit Wasser verdünnt; hinzugefügt werden verschiedene Extrakte, Gewürze und Fruchtsäfte.

Einige Imker ernten den Honig nach bestimmten Blütezeiten, wie bei der Mandel.

Liköre: Kräuterliköre und der Palo-Likör

Die für Mallorca besonders typischen Liköre sind die Kräuterliköre und der Palo-Likör. Beide sind medizinischen Ursprungs; als Mittel gegen Fieber, die Wurmkrankheit oder Bauchschmerzen. Heute sind diese so typischen, konsumierten Getränke als Qualitätsgarantie durch eine geografische Gütebezeichnung geschützt.

Aromaverschmelzung von Kräutern. Die Kräuterliköre werden durch Einweichen der Aromapflanzen in Alkohol hergestellt. Siebzig Tage sind ausreichend, um ein vielseitiges Getränk mit feiner Aromaverschmelzung zu kreieren. Seit Menschengedenken waren den Mallorquinern die medizinischen Eigenschaften von zahlreichen Waldpflanzen bekannt: wie die des Fenchels, der Minze, der Pfefferminze, des Rosmarins oder der Kamille, die jahrhundertlang als Heiltrank zur Bekämpfung verschiedener Krankheiten dienten. Da einige dieser Heiltränke einen bitteren Geschmack aufwiesen, begann man, Zucker hinzuzugeben, ein Brauch, mit dem die Herstellung so genannter „süßer Kräuterliköre" begann.

Der Kräuterlikör entstand zunächst in hausgemachter Form vor ungefähr zweihundert Jahren. Noch heutzutage behalten viele Familien diese Tradition bei. Sie stecken ein Sträußchen aromatischer Kräuter in eine Flasche und lassen ihn dort in Anis einweichen. Geerntet wird zwischen Mai und Juni; die Zusammensetzung ist ein richtiges Geheimnis und wird von Generation zu Generation weitergegeben. Das Anbieten von Kräuterlikören zu Hause ist ein richtiges Ritual und gefällt dem Gastgeber genauso gut wie dem Gast.

Ab dem 19. Jahrhundert wurden die Kräuter auf industrielle Art verarbeitet. Obwohl es Vorschriften gibt, in denen genau beschrieben wird, was enthalten sein muss, hütet jeder Hersteller sein eigenes kleines Geheimnis. Die Kräuterliköre enthalten unter anderem Pflanzen wie das Zitronenkraut, Kamille, Apfelsine, Zitrone, Rosmarin, Zitronenmelisse, Fenchel, die alle auf Mallorca geerntet werden. Um ihr Aroma freizulegen, werden sie destilliert und/oder eingeweicht. Die entstehende Flüssigkeit ist transparent und grün- bis bernsteinfarben. Es existieren drei Typen von Kräuterlikören: die

Die Kräutermischung enthält unter anderem Zitronenmelisse, Kamille, Rosmarin, Zitronenkraut und Fenchel.

süßen, die gemischten und die trockenen.

Karamellaperitif. Aus den Anden stammen die berühmten Aperitife, die den Appetit und die Magenproduktion anregen und die Verdauung fördern. Der *Palo-Likör* ist einer von ihnen. Es handelt sich um ein traditionelles Getränk, dickflüssig und dunkel, welches, nur durch einen einzigen Schluck vor dem Essen, einen Geschmack gerösteter Mandeln hinterlässt. Die Chinarinde (auf spanisch cinchona) und der Enzian (auf spanisch gentiana) sind zwei seiner elementaren Bestandteile. Der Name *Palo* hat den gleichen Ursprung des Begriffes, der jahrelang die Chinarinde bezeichnete. Es handelt sich um eine Pflanze amerikanischen Ursprungs, deren Rinde zur Bereitung fiebersenkender Getränke benutzt wurde. Der Zucker und die Beigabe anderen Substanzen verbesserten seinen Geschmack und dank seines Alkoholgehaltes gelang er auf den Altar der Aperitife.

Ende des 16. Jahrhunderts Anfang des 17. Jahrhunderts brachten die Seefahrer verschiedene Pflanzenarten auf die Inseln, um sie gegen Öl einzutauschen. In den feuchteren Gebieten gab es eine Unzahl an Moskitos, wodurch das Gelbfieber zu einer der gängigen Krankheiten der Inseln wurde. Chinarinden- und Enzianextrakte erwiesen sich als Sehr nützlich zur Bekämpfung des Fiebers, und um ihren Geschmack ein wenig gaumenfreundlicher zu machen, mischte man sie mit aus Traubenmost gewonnenem Mostsirup, trockenen Feigen und püriertem Johannisbrot.

Schon, im 19. Jahrhundert entstand der *Palo*, durch das hydroalkoholische Einweichen von Chinarinde, Enzian und Hinzugabe von Karamellzucker. Es handelt sich um einen Aperitif, dunkler Farbe und erhöhter Dickflüssigkeit und wird vorzugsweise mit Eis und Sodawasser getrunken. Auch kann er mit Soda, ein wenig Zitronensaft und einem Tropfen Gin abgerundet werden. Das Herstellungsverfahren hat sich ein bisschen weiterentwickelt: Bevor er in Flaschen abgefüllt wird, muss er in Eichenfässern gelagert werden.

Der *Palo* wird mit Eis und Soda oder auch mit Eis, Zitronensaft und einigen Tropfen Gin getrunken.

PALO
MOYA

Konserven
und andere Produkte

Auf Mallorca wird seit Jahrhunderten mittels urältester Techniken eingeweckt: Konfitüre und Marmelade (konserviert durch die Hinzugabe von Zucker), Oliven, Kapernblüten und Kapernäpfel *(taperes y tapertos)* in Essig konserviert und Aprikosen, Feigen, Paprika und trockene Tomaten, deren Konservierung durch Dörren und den damit verbundenen Wasserverlust herbeigeführt wurde. Auf diese Weise konnte die Bevölkerung von diesen Nahrungsmitteln im kalten Winter profitieren oder bei langen Notzeiten, sowie auch die Produktionsüberschüsse vorteilhaft nutzen. Für die Konfitüre und Marmelade werden die ganzen Früchte gekocht, getrocknet, püriert und mit Zucker angereichert. In den ländlichen Gegenden entwickelte fast jeder Haushalt seine eigenen Konservierungsmethoden der Frucht, ohne sie verkaufen oder verzehren zu müssen. Auch Kapern und Kapernäpfel sind typische Konserven, die eine Vielzahl an Gerichten begleiten.

Die Kapernblüten sind die zukünftigen Kapern der Kapernsträucher, eine Pflanze, die ursprünglich aus Asien stammt und in Mallorca an den Felsen oder zwischen den benachbarten Meeresbuchten in der Nähe des Meeres wild wächst. Auch wird sie angebaut. Die Früchte sind längliche Beeren, die sich Kapernäpfel nennen. Kapern und Kapernäpfel werden in Essig konserviert, der das Wachstum von Mikroorganismen hemmt. Auf der Insel werden Aprikosen, Feigen, Tomaten und roter Paprika getrocknet (letzterer um Paprikapulver herzustellen).

Die trockene Aprikose ist die entwässerte Frucht des Aprikosenbaums, ohne Stein und in der Mitte wird sie zur Herstellung von *Ensaimadas* und Kuchen verwendet.

Durch Konservieren können die Nahrungsmittel in Zeiten der Not oder auch während der Wintermonate genutzt werden.

1 2 3

1 Kapern. Die Kapern in Essig werden für die Zubereitung vieler Speisen genutzt: angefangen bei Pizza und Teigwaren jeglicher Art bis hin zu Fleisch- und Fischgerichten.
Auch werden sie als Aperitif konsumiert und bilden die Basis von Soßen wie der *Tartarasoße*, sehr geeignet für den Räucherlachs oder das *Tartaro-Steak*. Außerdem stellen sie einen wesentlichen Bestandteil der mallorquinischen Gerichte wie die *Lengua con alcaparras* (llengua amb tàperes) dar und ergeben eine perfekte Zugabe für das *Pa amb oli* und das *trempó* (Sommersalat auf der Basis von Zwiebeln, Tomaten, und grünem Paprika).

2 Getrocknete Tomaten. Wie auch an anderen Orten des Mittelmeeres werden auf Mallorca die Tomaten getrocknet. Sie besitzen einen eigentümlichen, für manch einen zu intensiven Geschmack. Getrocknete Tomaten können in Olivenöl konserviert werden. Man kann sie zu einem guten milden Käse reichen oder sie klein gehackt als Anreicherung von Salaten und anderen Gerichten verwenden.

3 Marmelade und Konfitüren. Traditionellerweise wird auf den Balearen Konfitüre aus Pflaumen und Aprikosen hergestellt. Um jedoch den Wettbewerb zu umgehen, wagten es einheimische Unternehmen, auf hausgemachte Konfitüre mit etwas kühneren, mittelmeerartigen Geschmacksrichtungen zu setzen, oft aus Produkten von geringerem Handelswert: Feige, Kaktusfeige, Granatapfel, saurer Granatapfel (*saure magrana* , ausgezeichnet als Beilage von Fleischsorten wie das Schweinefleisch), Quitte, Wassermelone, Zitrone, Traube usw. Diese Konfitüren bestehen ausschließlich aus der Frucht, Zucker und Zitronensäure. Sie werden mit modernen Techniken und in Übereinstimmung mit den strengsten Qua-

. . .

2

3

4

5

456

litätskontrollen durchgeführt. Im Allgemeinen ist die Konfitüre süßer als die Marmelade. Die Menge des Fruchtanteils hängt von der Kategorie des Produktes ab.

4 Kapernäpfel. Die Kapernblüte ist die Frucht der Kaper. Auch sie wird in Essig konserviert und als Aperitif oder Beilage für das *pa amb oli* verzehrt. Die Kapernernte und die der Kapernäpfel ist eine traditionelle Tätigkeit, die mit den Jahren verloren gegangen ist, da sie die Hilfe vieler Arbeiter in Anspruch nimmt. Auf Mallorca wird der Kapernapfel in *Campos* und *Llubí* angebaut, mit einigen bedeutenden Plantagen in der Gegend rund um Sineu.

5 Getrocknete Feigen. Auch getrocknete Feigen sind für Mallorca charakteristisch, denn mit ihnen ließen sich Kuchen und die verschiedenartigsten Nachtische herstellen. Auf dem Land waren trockene Feigen fester Bestandteil der Speisepläne in allen Gesellschaftsschichten. Bei der Trocknung handelte es sich um eine der gewöhnlichen Alltagstätigkeiten, die eine genaue Vorbereitung erforderte und erlaubte, während des ganzen Jahres diese Frucht zu nutzen. Sie war außerdem eine wichtige Energiequelle für die Durchführung der Landarbeitn. Mit den getrockneten Feigen lassen sich ganz verschiedene Rezepte, wie der Feigenkuchen (pastis de figa), Hühnerfleisch, junge Trauben mit Honig oder getrockneten Feigen, Feigenbrot oder marinierte Feigen mit Anis und Branntwein zubereiten.

6 Meeresfenchel (*Fonoll mari*). Eine Besonderheit der Insel: Meeresfenchel in Essig. Diese Zubereitung überrascht immer wieder auf angenehme Weise die Besucher, denn es handelt sich um eine wahrhaftige Köstlichkeit, die man nur hier findet. Meeresfenchel dient als Beilage von normalen Gerichten oder des allgegenwärtigen *Pa amb oli*.

. . .

7 8 9

7 Apfelsinen. Die mallorquinischen Apfelsinen sind klein und süßlich. Ihr Anbau ist von wesentlicher Bedeutung für die Wirtschaft der Insel, besonders in den Gemeinden *Muro, Sa Pobla, Palma, Inca, LLubi* und, vor allem, *Sóller*. Im zuvor genannten Gebiet gibt es sehr viele Orangenbäume. Wenn sie im Tal blühen, verbreitet sie das feine Aroma der Orangenblüte.
In hausgemachter Herstellung werden sie oft für die Verarbeitung von Konfitüren oder Marmeladen verwendet.

8 Feigenbrot (*Pa de figa*). Ein traditioneller und kalorienreicher Nachtisch. Mit Feigen, Gewürzen und getrockneten Früchten wird das traditionelle Feigenbrot hergestellt, das vor allem an Weihnachten verzehrt wird. Früher stellte das Feigenbrot nicht nur eine köstliche Süßigkeit sondern auch eine bedeutende Energiequelle für die Bauern dar, die mit den schwierigen ländlichen Aufgaben fertig werden mussten.

9 Rote getrocknete Paprika. Seit ihrer Ankunft aus Amerika, erhielten die Paprika und ihr Abkömmling, das Paprikapulver, ihren Platz in der Gastronomie der Insel. Die Paprikaschoten werden sonnengetrocknet und anschließend gemahlen, um sie in süßes oder pikantes Paprikapulver zu verwandeln, ein Hauptbestandteil der Paprikafleischwurst und vieler anderer Gerichte. In der Gegend von *Portol* werden aus der Paprika noch immer Zöpfe geflochten, die an den steinernen Fassaden der Dorfhäuser aufgehängt werden. Sobald sie trocken sind, kommen sie in den Ofen und werden anschließend gemahlen. Leider ist dies ein Bild, das vom Aussterben bedroht ist, da das Paprikapulver heutzutage komplett industriell hergestellt wird.

8

9

10

11

12

10 Feigen. **11** Quitten. **12** Trockene Feigen
13 Paprika. **14** Granadas. **15** Quark (auf katalanisch *brossat*)

13

14

15

16

Andere Produkte.

Kaktusfeigen, Grapefruit und Granatäpfel sind Früchte, die wenig kommerziellen Wert haben. Die Mallorquiner nutzten sie jahrhundertlang als Nahrungsmittel. Heute lassen sich mit diesen Früchten ausgezeichnete Konfitüren herstellen. Auch in Mallorca existiert eine bedeutende Produktion von Kuh- und Schafskäse, wie auch von Quark (*brossat* auf katalanisch), der unerlässlich für die Herstellung einiger Konditoreiköstlichkeiten ist, wie den *Robiols* oder den *duquesas*. Im mallorquinischen Gemüsegarten wächst eine konstante Anzahl an Winter- und Sommergemüse, wie der Weißkohl, der Spinat, der Mangold, der Blumenkohl, die Paprika –grüner, roter, süßer oder pikanter Paprika– Zucchini oder die Aubergine, letzteres Gemüse der Protagonist von Gerichten arabischer Hinterlassenschaft, wie zum Beispiel der unbeschreiblichen gefüllten Auberginen. Außerdem reichlich vorhanden sind Früchte wie die Aprikose, der Pfirsich, die Pflaume, die Apfelsine, die Zitrone, die Mandarine, die Melone, die Wassermelone und die sehr eigentümlichen Brustbeeren (*gingols* auf spanisch). Ein buntgemischtes Angebot, das die Wochenmärkte überflutet, die in allen Dörfern Mallorcas stattfinden.

17

18

16 getrocknete Tomaten. **17** Kohl
18 *Gingols* (auf Spanisch Brustbeeren).

01

Rezepte für 4 Personen

Vorspeisenrezepte

bullit
Eintopf

* 250 g Kalbfleisch für Eintopf * 250 g Hackfleisch (Schwein und Kalbfleisch zu gleichen Teilen) * 1/4 Huhn oder Henne * 1 Blutwurst * 50 g Paprikafleischwurst * 1/4 Kohl * 1/2 kg Kartoffeln * 250 g grüne Bohnen * 2 Möhren mittlerer Größe * 2 Zwiebeln mittlerer Größe * 1 große weiße Rübe * 1 Porree * 2 kleine Tomaten oder 1 reife Tomate mittlerer Größe * 1 Lorbeerblatt * 1 Sträußchen Moraduix (oder auch Majoran) * Olivenöl * 75 g Pinienkerne * Salz.

1. Zuerst die Pinienkerne mit einem Mörser zerkleinern und sie mit dem Hackfleisch und der Paprikafleischwurst vermischen. Danach aus der Mischung kleine, längliche Fleischklößchen formen. Das Kalbfleisch waschen, in einen großen Kochtopf geben, großzügig mit Wasser bedecken und 30 Minuten ab dem ersten Aufkochen kochen lassen.
2. Unterdessen das Huhn und die Fleischklößchen aus Hackfleisch zugeben, die Kochzeit noch auf etwa 30 Minuten verlängern. Während das Fleisch kocht, die weiße Rübe, die Kartoffeln und die Möhren schälen und waschen. Die Zwiebeln schneiden und vierteln. Die Tomaten erwärmen, schälen, abkühlen lassen, danach vierteln.
3. Das Gemüse schneiden und es zusammen mit dem gekochten Fleisch in den Topf geben. Mit Salz, einem Lorbeerblatt und einem Sträußchen frischen Moraduix würzen. Die Kochzeit um weitere 15 bis 20 Minuten verlängern. Den Garzustand des Gemüses überprüfen, bevor es vom Herd genommen wird. Den Eintopf mit etwas Öl beträufeln und servieren.

Dieser Eintopf wird je nach Jahreszeit auf verschiedene Weise zubereitet. Im Sommer nimmt man zarte Bohnen oder Stangenbohnen. Der Eintopf war über Generationen hinweg eine Grundmahlzeit. Er entspricht dem Gericht, dass in Katalonien unter dem Namen *escudella i carn d'olla* bekannt ist.

sopes seques
mallorquinischer Eintopf

* 200 g *sopes* (dünne, trockene Schwarzbrotscheiben, die man schon fertig geschnitten in den Bäckereien der Insel kaufen kann) * 200 g mageres, In Stücke geschnittenes Schweinefleisch (wahlweise)
* 100 g *camaiot* oder Blutwurst (wahlweise) * 1/2 Kohl * 1/2 Blumenkohl * 2 kleine *ramellet* Tomaten oder eine reife Tomate mittlerer Größe * 2 Salatzwiebeln * 2 Knoblauchzehen
* Petersilie * 1 1/2 dl Olivenöl * 2 EL süßes Paprikapulver * Salz

1. Den harten Kohlstrunk entfernen, den Rest in Streifen schneiden. Den Blumenkohl in kleine Äste trennen. Die Zwiebeln schälen und fein hacken. Die Tomaten erhitzen und fein hacken. Den Knoblauch zerdrücken.
2. Das Öl erwärmen und in eine *greixonera* oder Topf gießen. Darin den Knoblauch frittieren, bis er fast verbrannt ist. Danach herausnehmen und mit dem gleichen Öl das mit Salz und Pfeffer gewürzte Fleisch goldgelb werden lassen. Sobald es eine goldgelbe Farbe hat, das Fleisch mit einer Schaumkelle herausnehmen und liegen lassen. Im gleichen Öl die *sofrito* Soße zubereiten: Die Zwiebel ungefähr 10 Minuten lang mit einer Prise Salz auf kleiner Flamme frittieren, Tomatenfruchtfleisch und Paprikapulver hinzugeben, falls nötig, nachsalzen.
3. Den Kohl und das Fleisch hinzugeben, alles mit Wasser bedecken. Die Salzzugabe prüfen und beim ersten Aufkochen 20 Minuten lang kochen lassen. Anschließend den Strauß Blumenkohl hinzugeben, alles 10 Minuten kochen lassen.
4. Die *sopes* auf der Oberfläche der *greixonera* ausbreiten. Topf vom Herd nehmen und das Gericht ruhen lassen, bis es sich mit der Brühe vermischt hat. Danach servieren.

Von diesem Rezept existieren verschiedene Varianten. Wahlweise kann Fleisch hinzugegeben werden, aber ein unerlässlicher Bestandteil sind die Grau- oder Schwarzbrotscheiben. Außerdem kann Saisongemüse wie Artischocken, Spinat, Mangold, Porree, Erbsen etc., beigegeben werden.

escudella fresca
frischer Gemüseeintopf

* 1/2 kg *pochas* (junge weiße Bohnen) * 150 g grüne Bohnen * 1/2 Weißkohl * 2 mittelgroße Kartoffeln * 3 mittelgroße Möhren * 1 Zucchini von mittlerer Größe * 1 große Zwiebel * 1 EL Olivenöl * 1 TL süßer Pfeffer * frisch gemahlener schwarzer Pfeffer * Salz

1. Zunächst die Bohnen entkernen. Anschließend die Zwiebel schälen, in Scheiben schneiden und fein hacken, grüne Bohnen, Möhren und Zucchini waschen. Den Kohl vierteln, Strunk entnehmen und in Scheiben vierteilen. Kohl waschen und im Sieb abtropfen lassen. Das Endstück und die Fäden der grünen Bohnen entfernen und abschneiden.
2. Das Endstück der Zucchini entfernen, schälen oder in kleine 1,5 cm große Scheiben schneiden. Die Kartoffeln waschen, schälen und in 1 cm große Würfel schneiden. Zum Schluss das Endstück der Zucchini entfernen und Zucchini zerschneiden. Die Zucchini, die *pochas* und die Zwiebel in einen Topf geben, ausreichend mit Wasser bedecken und eine Prise Salz zugeben. 15 Minuten kochen lassen.
3. In chronologischer Reihenfolge im 5 Minuten Abstand, Kohl, Bohnen, Kartoffeln und Zucchini hinzugeben. Salzbeigabe überprüfen.
4. Je nach Geschmack süßen oder schwarzen Pfeffer hinzugeben, gut mit einem Holzlöffel umrühren, nochmals 5 Minuten kochen lassen. Anschließend den Herd ausschalten und die *escudella* mit dem rohen Olivenöl beträufeln. Erneut umrühren vor dem Servieren.

Die *escudella* wird normalerweise nur im Sommer zubereitet, bis zum Ende der Pochas-Saison im Herbst. Den restlichen Teil des Jahres wird sie durch Wintergemüse, wie Kohl, ersetzt. Das Wort „*escudella*“ bezeichnete früher das Gefäß, in dem die *sopes* hergestellt wurden.

pa amb oli
Bauernbrot mit Olivenöl

8 Scheiben rundes Schwarzbrot
4 kl. Tomaten oder 2 reife Tomaten mittlerer Größe
2 dl natives Olivenöl
100 g mallorquinische Oliven
Meeresfenchel in Essig (*fonoll marí*)
4 EL Kapern
Salz

1. Die Brotscheiben schneiden. Die Tomaten in der Mitte durchschneiden und mit ihnen eine der jeweiligen Vorderseiten der Brotscheiben einreiben. Mit Salz würzen und nativem Olivenöl beträufeln.
2. Als Beilage dienen die typischen Produkte der Insel: Meeresfenchel in Essig, mallorquinische Oliven, in Essig getränkte Kapern oder Kapernäpfel.

Dies ist das einfachste und gleichzeitig bekannteste Gericht der Insel. Im Prinzip ist *pa amb oli* nur Brot mit Olivenöl und Salz. Es unterscheidet sich vom *pa amb oli i tomàtiga* (Brot mit Olivenöl und Tomaten). Die mallorquinischen Restaurants und Gaststätten benutzen die kleinen Tomaten am Zweig, die *ramellet*. Dieses Gericht wird mit den örtlichen Produkten und Wurst serviert.

colflori ofegada
gedünsteter Blumenkohl

* 1 Blumenkohl * 200 g Speck * 50 g Paprikafleischwurst * 1 Schweinswurst * 1 große Zwiebel * 2 kl. Tomaten oder 1 reife Tomate mittlerer Größe * 25 g Rosinen * 25 g Pinienkerne * 4 Knoblauchzehen * 1 Lorbeerblatt * Olivenöl oder Schweineschmalz * 1 EL Paprikapulver * gemahlener schwarzer Pfeffer * Salz

1. Die Tomaten erwärmen, abkühlen lassen und danach schälen. Samen entfernen und fein hacken. Zwiebel schälen und sehr klein hacken. Blumenkohl in kleine Äste trennen, waschen und im Sieb abtropfen lassen.
2. Den Speck waschen und in Stückchen schneiden. In einen Topf 2 EL Olivenöl oder Schmer geben. Sobald es erhitzt ist, darin die Speckstücke, die Blutwurst und die Paprika-Fleischwurst anbräunen, gut umrühren, bis sie goldfarbig sind. Anschließend die klein gehackten Zwiebeln, Tomate, die Knoblauchzehen und das Lorbeerblatt hinzugeben.
3. Sobald die *sofrito* gut kandiert ist, eine Tasse Wasser hinzufügen, die Herdtemperatur drosseln, den Topf bedecken und 15 Minuten kochen lassen. Den Topf ab und zu seitlich rhythmisch bewegen (statt die Zutaten mit einem Löffel umzurühren).
4. Zuletzt den Blumenkohl, die Rosinen, die Pinienkerne und das Paprikapulver hinzugeben. Bedecken und auf mittlerer Hitze 20 Minuten kochen lassen, ab und zu umrühren. Salzmenge vor der Wegnahme von der Herdstelle prüfen. Servieren.

Auf Mallorca ist diese Art des Kochens im Topf mit rhythmischen, seitlichen Bewegungen typisch. Diese Bewegung nennt sich *sacsejar* (sie erinnert an die Bewegung der Basken beim *pil-pil* Kabeljau).

tombet
Auflauf

* 1/2 kg Kartoffeln * 1 Zucchini mittlerer Größe * 2 Pfefferschoten mittlerer Größe * 2 Auberginen mittlerer Größe * 1/2 kg reife Tomaten * 2 Knoblauchzehen * Salz * gemahlener schwarzer Pfeffer * Olivenöl

1. Kartoffeln und Gemüse waschen und trocknen. Die Kartoffeln schälen, in Scheiben oder in Würfel schneiden. Die Aubergine und die Zucchini in Scheiben mittlerer Größe schneiden, ohne Entfernen der Schale. Die Tomaten erhitzen, vor dem Schälen und Schneiden gut abkühlen lassen.
2. Die Pfefferschoten in der Mitte der Länge nach durchschneiden, Stiel und Kern entfernen und vierteln. In einer Pfanne ein bisschen Olivenöl erhitzen, darin die Kartoffeln frittieren, bis sie goldgelb sind. Anschließend mit einer Schaumkelle herausnehmen und auf einer Platte, bedeckt mit verschiedenen Papierschichten, abtropfen lassen.
3. Jedes Gemüse auf die gleiche Art frittieren, separat ungefähr 10 Minuten lang auf einer bedeckten Platte mit mehreren Papierschichten abtropfen lassen. In der gleichen Pfanne wird eine Tomatensauce mit den klein geschnittenen Tomaten, Knoblauchzehen, je nach Geschmack mit Salz und Pfeffer, vorbereitet - 30 Minuten auf kleiner Flamme kochen lassen, die Würze der Tomate abschmecken, falls nötig, eine Prise Zucker hinzufügen.
4. Den Boden einer Kasserolle oder *greixonera* mit Kartoffeln bedecken. Danach – in chronologischer Reihenfolge – die Auberginen, die Zucchini und die Pfefferschoten hinzugeben. Zum Schluss alles mit der Tomatensoße bedecken.

Die ist eines der besten Rezepte für einen Auflauf, der sich als Vorspeise oder auch als Beilage für Fleisch- und Fischgerichte eignet. Das gleiche Rezept wird auch – ergänzt durch gekochte Eier oder Rührei – mit Fisch oder Fleisch (zum Beispiel Kaninchen) gekocht.

albergínies farcides
gefüllte Auberginen

* 8 kl. Auberginen * 250 g Hackfleisch (halb Schwein, halb Kalbfleisch)
* 50 g Paprikafleischwurst * 4 reife Tomaten mittlerer Größe * 1 große Zwiebel
* 2 Knoblauchzehen * 3 Bund Petersilie * 1 Bund Majoran * 1 Bund Thymian * 100 g klein gehackte Kekse oder Paniermehl * 2 Eier * 2 dl Olivenöl * gemahlener schwarzer Pfeffer * Salz

1. Wasser aufsetzen und in einem Topf erhitzen. Den Stil der Auberginen entfernen und sie in der Mitte der Länge nach durchschneiden. Mit kochendem Wasser erwärmen, mit einem Spatel herausnehmen und im Sieb abtropfen lassen. Sobald sie ein bisschen abgekühlt sind, Fruchtfleisch entfernen, mindestens einen halben Zentimeter um die Schale herum frei lassen. Das Fruchtfleisch gut schneiden und aufbewahren.
2. Tomaten erwärmen, während sie erkalten, die Tomaten schälen und fein hacken. Die Knoblauchzehen schälen und zerhacken. Zwiebel schälen und raspeln. Das Gemüse waschen, den Majoran abzupfen und die Petersilie klein schneiden.
3. Die Mitte der Pfanne mit Öl erhitzen und darin das Fleisch mit Majoran, Petersilie, Salz und schwarzem Pfeffer anbraten. Sofort das Fruchtfleisch der Aubergine und die Paprikafleischwurst hinzugeben, gut umrühren, damit sich die Geschmacksstoffe gut vermischen.
Wenn alles fertig ist, vom Herd nehmen und die Füllung in einem Sieb abtropfen lassen.
4. Danach die Zwiebel und die Knoblauchzehe zum Fleisch geben, alles gut mischen und die Auberginen füllen. Sofort auf ein Ofenblech legen und mit den klein gehackten Keksen bestreuen. Den Ofen auf 160°C erhitzen, die Auberginen mit einem kleinen Fädchen Olivenöl beträufeln und sie im unteren Teil des Ofens backen.
5. Den Rest des Olivenöls in einer Pfanne erhitzten, eine Sauce mit Tomate, Thymian, Salz und schwarzem Pfeffer zubereiten. Auf kleiner Flamme ungefähr 30 Minuten kochen. Danach den Thymianstrauch entfernen und vor dem Servieren die Sauce über die Auberginen geben.

An einigen Orten werden die gefüllten Auberginen ohne Tomatensauce serviert. An anderen wiederum wird die Sauce in eine *greixonera* gefüllt, und die Auberginen werden auf die Sauce gelegt. Alles zusammen wird kurz im Ofen erhitzt. Das älteste europäische Rezept gefüllter Auberginen erscheint im *Llibre del Sent* Sovi aus dem 19. Jahrhundert.

trempó
Sommersalat

3 oder 4 Salattomaten mittlerer Größe

1/2 Zwiebel

1 kl. Zwiebel

2 grüne längliche Pfefferschoten

1 dl Olivenöl

2 EL Weinessig (wahlweise)

Salz

1. Möchte man die Tomaten enthäuten, sollte man sie zuvor einige Sekunden in kochendem Wasser erhitzen. Beim Abkühlen in kleine Stückchen schneiden. Danach die Pfefferschoten waschen, Stiel, Strunk und Kerne entfernen, vierteln. Große und kleine Zwiebel schälen.
2. Zwiebel in kleine Scheiben schneiden, die kleine Zwiebel fein zerhacken. In einer Salatschüssel das gesamte Gemüse vermischen, mit feinem Salz würzen, umrühren, bis sich die Geschmäcker vermischt haben.
3. Nach Wunsch den Salat mit Essig beträufeln. Anschließend Öl hinzugeben und erneut umrühren. Der *trempó* wird mit Beilagen wie konservierten Oliven (*trencades*), Kapern oder Meeresfenchel in Essig (*fonoll marí*) und Schwarzbrotscheiben serviert.

Der *trempó* ist ein Sommersalat mit einem sehr einfachen Rezept. An einigen Orten wird die kleine Zwiebel durch eine kleine, sehr klein gehackte Knoblauchzehe ersetzt, an anderen werden Äpfel, Aprikosen etc. zugegeben. Wichtig ist, dass sich das Gemüse gut mit dem Öl vermischt, um es später mit dem Brot genießen zu können.

fava parada
geschälte Bohnen

* 200 g trockene Bohnen * 250 g geschnittenes Schweinesteak * 150 g frischer Speck * 150 g Schweineohr und Schweinemaul * 1 Blutwurst * 2 Zwiebeln * 3 kl. Tomaten oder 2 reife Tomaten mittlerer Größe * 200 g Fadennudeln * 1 gepökelter Knochen * Salz * Olivenöl

1. Am Vorabend die Bohnen einweichen. Fleisch und Knochen waschen und beides bedeckt mit ausreichend Wasser in einem tiefen Topf kochen, bis es schön zart ist (ungefähr eine Stunde).
2. Am folgenden Tag Zwiebeln schälen und zerkleinern. Die Tomaten einige Sekunden lang erwärmen, abkühlen lassen, enthäuten, Kerne entfernen und klein schneiden.
3. Die Zwiebeln und das zerkleinerte Tomatenfruchtfleisch in einen Topf zusammen mit den geschälten Bohnen geben. Alles mit der Kochbrühe des schon abgesiebten und kalten Fleisches bedecken. Solange kochen, bis die Bohnen anfangen zu zerfallen.
4. Jetzt das in Stücke geschnittene Fleisch hinzugeben und die in Scheiben geschnittene Blutwurst. Sobald sich die Mischung eingedickt hat, Salzbeigabe regulieren und mehr Fleischbrühe zugeben. Beim Aufkochen die Fadennudeln und einen Schuss rohes Olivenöl hinzugeben.
5. Die Kochzeit verlängern – immer wieder mit einem Holzlöffel umrühren – bis die Fadennudeln gar sind. Abschmecken und gegebenenfalls nachwürzen. Umrühren, vom Herd nehmen und servieren.

Dieses Bohnengericht darf nicht zu dickflüssig sein. Die trockenen Bohnen waren die typische Ersatznahrung im Mittelalter.. Diese Suppe war ein grundlegendes Rezept für die Bauern des alten ländlichen Mallorcas, vor allem während der Wintermonate.

granada d'albergínies

Auberginen à la Granada

* 600 g Auberginen * 125 g gehacktes Kalb- und Schweinefleisch (wahlweise) * 5 Eier * 1 große Zwiebel * 0,5 dl Milch * 100 g Pfefferschote * 0,5 dl Olivenöl * Butter zum Einfetten der Form * frisch gemahlener schwarzer Pfeffer * Salz

1. Den Herd auf 175°C vorheizen. Die 1-Liter-Form einfetten, das Innere mit absorbierendem in Butter getränktes Papier abreiben.
Die Pfefferschoten waschen, trocknen und in der Mitte durchschneiden, Kerne entfernen und vierteln. Die Auberginen ohne zu schälen in Würfel schneiden und sie in einer Schüssel mit Wasser und Salz 15 Minuten einweichen lassen.
2. Das Olivenöl im Topf erhitzen und 3 Minuten lang mit einer Prise Salz anbräunen lassen. Die Pfefferschote hinzufügen und 10 Minuten länger auf großer Flamme anbräunen. Das Fleisch dazugeben, gut umrühren und alles 3 Minuten lang leicht anbraten.
3. Auberginen waschen und abtropfen lassen, dazugeben, mit Salz und Pfeffer 10 Minuten lang auf großer Flamme würzen. Die Eier zusammen mit der Milch schlagen, den Herd ausstellen und die Mischung zu Gemüse und Fleisch geben.
4. Erneut mit Salz und Pfeffer abschmecken, hinzufügen, falls notwenig. Die Mischung in die Form gießen und auf mittlerer Hitze zwischen 30 und 40 Minuten kochen. Zum Überprüfen mit einer dünnen Stange in der Mitte einstechen. Leicht abkühlen lassen und stürzen.

Dieses Rezept wird mit rotgoldenen Pfefferschoten und Tomatensauce serviert, gewürzt mit Lorbeer, Salz und schwarzem Pfeffer. Das traditionelle Rezept enthält kein Fleisch. Es ist ein Festessen aus dem Mittelalter und besitzt klare maurische Einflüsse. Es kann warm oder bei Zimmertemperatur serviert werden.

arròs brut
Reistopf mit Fleischsorten

* 4 Kaffeetassen Reis * 1 kl. Tintenfisch * 1/4 geschnittenes Huhn * 200 g mageres, in Stücke geschnittenes Schweinefleisch * 200 g in Stücke geschnittenes Schweinesteak * 200 g klein geschnittenes Kaninchenfleisch * 1 Kaninchenleber * 50 g Paprikafleischwurst * 100 g Pfifferlinge(wahlweise) * 100 g grüne Bohnen * 100 g Zuckerschoten * 2 Artischocken * 1 rote Paprika * 3 Tomaten mittlerer Größe * 1 Zwiebel mittlerer Größe * 2 Knoblauchzehen * 2 Bund Petersilie * 1 dl Öl und Schweineschmalz (wahlweise) * gemahlener schwarzer Pfeffer * Safran * Salz

1. Die Zwiebel und die Knoblauchzehen schälen und klein schneiden.
Die Steinpilze und das ganze Gemüse gut waschen. Die Bohnen und die Pfefferschoten schneiden.
Die Artischocken schälen, schneiden. Den Stiel und die Fasern der Zuckerschote entfernen.
Die Tomaten erwärmen, leicht abkühlen lassen, dann enthäuten und klein schneiden. Das Fleisch waschen. Den Tintenfisch säubern und klein schneiden. In einem Topf 10 kleine Kaffeetassen Wasser oder Kochbrühe erwärmen.
2. In einer großen Pfanne 1 dl Olivenöl erhitzen, das mit Salz und Pfeffer gewürzte Fleisch leicht anbraten, bis es goldbraun ist. Anschließend die Zwiebel und den Tintenfisch hinzufügen, gut umrühren, die klein geschnittenen Tomaten und eine Prise Pfeffer hinzugeben. Kochzeit um ungefähr 10 Minuten verlängern.
3. Jetzt das Gemüse hinzufügen, salzen, gut umrühren und mit Wasser bedecken. Sofort danach den Reis hinzugeben und ungefähr 20 Minuten kochen lassen. Unterdessen die Knoblauchzehe im Mörser mit einer Prise Safran zerdrücken, die gewaschenen Petersilieblätter, die klein geschnittene Kaninchenleber und die Paprikafleischwurst hinzugeben. Mischung ein wenig mit warmem Wasser verdünnen, zum Reis hinzufügen und nicht weiter kochen lassen.

Ein weiteres Rezept, in dem die Zutaten verwendet werden, über die man gerade verfügt. Am häufigsten wird das Gericht mit Fleisch oder Wurst gekocht, je nach Gebiet jedoch auch Tintenfisch oder Pfifferlinge verwendet, je nach Saison (auf katalanisch *picornells*). Zur Jagdzeit ist es üblich, Tauben oder Drosseln zu verwenden. Auch wird der Kaninchenauflauf sehr geschätzt.

caragols cuinats
Schneckeneintopf

* 4 Dtzd. gesäuberte Schnecken * 50 g Paprikafleischwurst * 100 g *camaiot* (typische Wurst Mallorcas) * 50 g Speck * 2 Zwiebeln * 4 Knoblauchzehen * 4 reife Tomaten * 2 Sträuße frische Petersilie * 2 Sträuße frische Minze * 2 Sträuße frischen Majoran * 1 Strauß trockenes Schneckenkraut oder Santa María * 1 Strauß trockenes Zitronenkraut oder eine Apfelsinenschale * 1 Strauß trockenen Fenchel * 1 dl Milch * 1 dl Olivenöl * 1 Paprikaschote * Salz

1. Die Schnecken gut waschen. Sie in einem Topf mit kaltem Wasser aufsetzen, bei mittlerer Hitze erwärmen und nach dem ersten Aufkochen mit 5 Minuten Kochzeit rechnen. Anschließend die Schnecken abgießen. Wasser mit Salz im Topf erhitzen, alle gewaschenen frischen und getrockneten Gewürzsträuße hinzugeben.
2. Die Knoblauchzehen und eine Zwiebel schälen. Die Tomaten waschen, in der Mitte teilen und in den Topf geben. Jetzt die Schnecken hinzufügen und zwei Stunden lang kochen.
Unterdessen den Rest der Tomaten erwärmen. Abgekühlt enthäuten und fein hacken. Die andere Zwiebel und die restlichen Knoblauchzehen schälen und klein hacken.
3. Das Öl in einer Pfanne erwärmen und mit der Zwiebel, dem Knoblauch und den klein gehackten Tomaten einen *sofrito* zubereiten. Das klein geschnittene Fleisch und die Paprikaschote hinzugeben. Sobald die Schnecken gar sind, abtropfen lassen und in einem Gefäß aufbewahren. Die Schnecken zum *sofrito* geben, danach die Milch und die Kochbrühe. Nochmals 10 Minuten kochen lassen.

Die Schneckentöpfe, die während der Messe in *Soller* serviert werden, genießen einen außerordentlichen Ruhm. Bei ihrem Verzehr kann man komplett auf Förmlichkeiten verzichten und sich danach buchstäblich die Finger lecken. Noch heute existiert auf Mallorca der Brauch, nach einem Regenfall Schnecken zu sammeln.

02

Rezept für 4 Personen

Fleisch- und Fischgerichte

greixonera d'anguiles
Aalpfanne

* 1 kg Aal, in Stücke geschnitten * 2 kl. Tomaten oder 1 reife Tomate mittlerer Größe * 3 Knoblauchzehen * 2 frische Zwiebeln oder Porree * 4 kl. Kartoffeln * 1 Ei * 3 oder 4 Artischocken * 150 g Erbsen (wahlweise) * 4 Mandeln * 6 Bünde Petersilie * Salz * gemahlener roter Pfeffer * Pfefferpulver

1. Die Aalstücke gut waschen. Die Knoblauchzehen und Zwiebeln schälen und alles getrennt schneiden. Die Tomaten erwärmen, abkühlen lassen und enthäuten. Kerne entfernen und fein hacken. Die Petersilie waschen und trocknen, abzupfen und fein schneiden. Das Ei kochen, abkühlen lassen und die Schale entfernen. Kartoffeln schälen, in Scheiben schneiden.
2. Die Aalstücke in einen Schüssel geben, mit 1/3 geschnittenem Knoblauch, etwas Petersilie, schwarzem Pfeffer und je nach Geschmack etwas Öl zubereiten. Gut umrühren, den Aal mindestens 20 Minuten lang ziehen lassen.
3. 2 oder 3 EL Öl in einer *greixonera* oder Kasserole erwärmen, darin einen *sofrito* mit den Zwiebeln und den zerkleinerten Tomatenstückchen, der Hälfte des Knoblauchs und der restlichen Petersilie zubereiten. Wenn alles gut konserviert ist, Kartoffeln zugeben. Gut umrühren, mit Wasser bedecken, eine Prise Salz zugeben und ungefähr 10 Minuten lang kochen lassen. Unterdessen die Artischocken schälen und schneiden.
4. Beim ersten Aufkochen, die in der Pökelbrühe eingelegten Aalstücke, die Artischocken, Erbsen und den Lorbeer hinzugeben. Gut umrühren und die Kochzeit um 10 Minuten verlängern.
5. Mit dem Eigelb, den Mandeln und dem restlichen Knoblauch eine *picada* vorbereiten.

Mit einem dünnen Stab überprüfen, ob die Artischocken gar sind. Sind sie gar, die in etwas Brühe gelöste *picada* hinzugeben. Umrühren, die Würze überprüfen und servieren.

Das Gericht ist typisch für *Sa Pobla*, dem einzigen Gebiet der Insel, wo es Aale gibt. Wie immer variiert das Gericht von Ort zu Ort und hängt in seiner Zutatenkomposition von dem Gemüse der jeweiligen Jahreszeit ab.

calamars farcits
gefüllte Calamari

* 1 kg Calamari * 250 g Hackfleisch (halb Kalbfleisch, halb Schweinefleisch) * 4 reife Tomaten mittlerer Größe * 1 große Zwiebel * 2 Eier * 3 Knoblauchzehen * 3 Bünde Petersilie * 1 Bund Majoran * 2 dl Weißwein * 6 EL Olivenöl * Mehl * gemahlener schwarzer Pfeffer * Salz

1. Das Innere der Calamari säubern, die Haut belassen. Die Fangarme und die Flossen fein hacken. Die Tomaten erhitzen, abkühlen lassen, danach schälen und fein zerhacken. Den Knoblauch schälen und die Zehen zerkleinern. Das Gemüse trocknen und waschen. Die Petersilie zupfen und zerhacken. Die Zwiebel schälen und sehr fein hacken.
2. Das Ei 8 Minuten lang kochen, abkühlen lassen, entschalen und fein zerschneiden. Danach zwei EL Olivenöl erhitzen. Die Zwiebel 10 Minuten lang auf kleiner Flamme mit einer Prise Salz pochieren. Vom Herd nehmen und aufbewahren.
3. Die Calamari-Fleischstücke mit dem Hackfleisch mischen, die pochierte Zwiebel, die Petersilie, den Knoblauch, das klein gehackte Ei und eine Prise Majoran oder andere Würze hinzugeben. Das Ei schlagen, der Mischung beifügen und alles gut umrühren. Mit dieser Paste die Calamari füllen und mit einem Zahnstocher schließen.
4. Die Calamari mit Mehl bestreuen. Den Rest des Öls in die Pfanne geben und die Calamari ungefähr 15 Minuten auf kleiner Flamme braten, bis sie von allen Seiten goldgelb sind. Mit einer Spachtel herausnehmen, in eine *greixonera* oder Kasserolle legen.
5. In demselben Öl ungefähr 30 Minuten lang eine Sauce aus dem Tomatenfruchtfleisch, der Knoblauchzehe, dem restlichen Majoran und einer Prise Salz auf kleiner Flamme zubereiten. Falls die Tomaten säuerlich sind, eine Prise Zucker hinzufügen.
6. Die Sauce über die Calamari gießen. Die *greixonera* aufs Feuer stellen, 1 dl Wasser und Wein beigeben und die Kochzeit um ungefähr 15 Minuten auf kleiner Flamme verlängern.

Dieses Gericht wird normalerweise mit Pommes frites serviert. Es ist ein gutes Beispiel für die „Meeres- und Gebirgsküche", in der Fisch und Fleisch kombiniert werden. In den mittelalterlichen Rezepten finden sich ähnliche Gerichte mit Fruchtfleisch und Tintenfisch.

sípia amb ceba
Tintenfisch mit Zwiebeln

* 1 kg Tintenfisch * 2 kg Zwiebeln * 2 kl. Tomaten oder 1 Tomate mittlerer Größe
* 2 EL Pinienkerne * 2 Knoblauchzehen * 4 EL Rosinen * 50 ml Olivenöl * 1 Lorbeerblatt
* 1 gestrichener EL süßen Pfefferpulvers * 0,75 dl Brandy * frisch gemahlener schwarzer Pfeffer
* Salz

1. Den Tintenfisch säubern, Haut, Eingeweide und innere Knorpel entfernen. Augen entfernen und Fangarme beibehalten. Kopf in 3 bis 4 cm große Stücke schneiden. Fangarme klein schneiden. Rosinen waschen und trocknen.
2. Zwiebeln schälen und in sehr feine Streifen schneiden. Tomaten einige Sekunden lang in heißem Wasser erwärmen. Vor dem Enthäuten und Schneiden abkühlen lassen. Knoblauch schälen und zerkleinern.
3. Die Hälfte des Olivenöls in eine Kasserolle gießen und erhitzen. Tintenfisch, Knoblauch, und Lorbeerblatt zufügen. Alles auf sehr kleiner Flamme zugedeckt ungefähr 15 Minuten lang kochen.
4. Das restliche Öl zusammen mit der Tomate hinzufügen, nochmals 2 Minuten kochen lassen, Pfefferschote und die in Streifen geschnittene Zwiebel zugeben. Umrühren und die Kochzeit um ungefähr 5 Minuten verlängern.
5. Den Brandy, die Rosinen und die Pinienkerne hinzugeben. Mit Salz abschmecken und ungefähr 25 Minuten kochen. Wird lauwarm serviert.

Die in mallorquinischen Rezepten verwendeten Pinienkerne werden den Gerichten ungeröstet beigefügt– ebenso die Mandeln. Normalerweise werden Tintenfischgerichte langsam gekocht, damit das Fleisch zum einen weich werden und zum anderen die Geschmackskomponenten der anderen Zutaten aufnehmen kann.

llampuga amb pebres vermells
Goldmakrele mit rotem Pfeffer

* 1 kg in dicke Scheiben geschnittene Goldmakrele * 3 rote Paprika * 2 reife Tomaten * 4 Knoblauchzehen * 2 Zwiebeln * 2 Lorbeerblätter * 1 dl Weißwein * Mehl * Olivenöl * gemahlener schwarzer Pfeffer * Salz

1. Zwiebeln schälen und zerkleinern. Tomaten in kochendem Wasser erwärmen. Nach dem Abkühlen enthäuten und zerkleinern. Die Knoblauchzehen zerdrücken, Rest zerkleinern. Stiele der Paprika, das Herz und die Kerne entfernen, in Stücke schneiden.
2. Tomatensauce vorbereiten. Dazu vier EL Olivenöl erhitzen. Sobald das Öl heiß ist, die Zwiebel mit einer Prise Salz ungefähr 10 Minuten erhitzen. Von Zeit zu Zeit umrühren. Den klein geschnittenen Knoblauch, das Lorbeerblatt und das Tomatenfruchtfleisch hinzugeben. Mit Salz und Pfeffer würzen. Falls die Tomate sehr säuerlich ist, Zucker hinzugeben. Auf kleiner Flamme ungefähr 20 Minuten kochen lassen.
3. Das Öl in einer Kasserolle erhitzen, die restlichen Knoblauchzehen zerdrücken und goldgelb anbräunen. Danach mit einer Schaumkelle entnehmen. In diesem Öl die rohe Paprika anbräunen, bis sie leicht goldfarbig sind. Dem Öl entnehmen und aufbewahren.
4. Die Fischstücke mit Mehl bestreuen, überflüssiges Mehl durch leichtes Abklopfen entfernen. Anschließend im Öl frittieren. Zum Servieren, Sauce in eine *greixonera*/Kasserolle gießen. Anschließend die Goldmakrelenstücke und zum Schluss die gebackene Paprika darüber geben.

Die Goldmakrele ist einer der meist geschätzten Fische der Insel. In Spanischen heißt sie *lampuga* (Goldmakrele) oder *dorado* (Goldbrasse). In den tropischen Gewässern kann sie bis zu 40 kg wiegen. Sie hat eine schöne grünbläuliche Farbe und das charakteristische gelbe Band an den Seiten.

peix al forn
gebackener Fisch

* 1 und 1/2 kg Zahnbrasse, Rotbrasse, Goldmakrele, Riesenzackenbarsch oder irgendein großer gesäuberter Fisch * 6 mittelgroße Kartoffeln * 1 Bund Spinat * 1 Bund Mangold * 2 große reife Tomaten * 4 Knoblauchzehen * 1 Bund Schnittlauch * 2 EL Pinienkerne * 50 g Sultaninen * 1 Zitrone * 4 EL zerriebenen Zwieback oder Paniermehl * 1 dl Olivenöl * 1 EL gemahlener Paprika * schwarzer, gemahlener Pfeffer * Salz

1. Fisch innen und außen waschen, mit Salz und Pfeffer würzen und mit Paprika bestreuen. Mit der Zitrone einen Saft herstellen, den Fisch damit beträufeln und einige Minuten ziehen lassen. Kartoffeln schälen, in Würfel mittlerer Größe schneiden und auf den Boden des Ofenblechs legen.
2. Den Grund vom Bund Spinat und Bund Mangold entfernen, waschen, vor dem Zerhacken getrennt abtropfen lassen. Die Tomaten einige Sekunden lang abbrühen, schälen und zerhacken. Die Knoblauchzehen schälen, Keime entfernen und zerschneiden.
3. Den Herd auf 160° C vorheizen. In einem Mörser die Tomaten mit den Knoblauch zerstoßen, Salz und Olivenöl beifügen und alles gut vermischen. Den Fisch über die Kartoffeln legen und mit der Tomate benetzen. 15 Minuten backen lassen.
4. Den Schnittlauch schälen, fein zerhacken und alles mit dem restlichen Gemüse, der Petersilie, den Sultaninen und Pinienkernen vermischen.

Mit Salz, Pfeffer und einer Prise Paprika würzen und einen Schuss Olivenöl hinzugeben. Alles vermischen und den Fisch mit der Mischung bedecken. Zum Schluss alles mit dem zerriebenen Zwieback bestreuen.

Die traditionelle mallorquinische Küche arbeitet sehr häufig mit zerriebenem Zwieback, der dem Paniermehl ähnelt, aber mit Salzkeksen aus Inca bearbeitet ist. Dies sind knusprige Kekse aus Teigmasse und Öl, die zerhackt werden, bis sie pulverförmig sind.

molls amb tomàtiga
Rotbarbe mit Tomate

* 4 große Rotbarben * 8 kl. Tomaten oder 4 mittelgroße Tomaten * 1 Bund kleine Zwiebeln * 1 dl Olivenöl * 6 Bünde Petersilie * 1 Knoblauchzehe * frisch gemahlener schwarzer Pfeffer * Salz

1. Fisch gut waschen, entschuppen, mit einem Schnitt unterhalb des Kopfes Innereien entnehmen. Danach waschen, trocknen, mit Pfeffer und Salz innen und außen würzen. Zu dunkle Schichten und Blätter der kleinen Zwiebeln entfernen. Bis zur Hälfte ihrer Größe in feine Scheiben schneiden. Knoblauch schälen und zerkleinern. Petersilie trocknen und fein zerhacken.
2. Tomaten waschen und trocknen. Eine Antihaftpfanne erhitzen und ohne Öl braten. Mit einer Zange drehen, damit sie vollständig durchgebraten werden. Auf einen tiefen Teller legen und mit einem anderen bedecken. Bei Zimmertemperatur abkühlen lassen. Sobald sie erkaltet sind, enthäuten, fein zerhacken und mit Pfeffer und Salz würzen. Auf einem Tablett servieren.
3. Die kleine gehackte Zwiebel auf die Tomate streuen. Ein wenig Öl in einer Pfanne erhitzen. Die Rotbarben zwei Minuten pro Seite goldgelb werden lassen. Auf dem Tomaten/Zwiebelbett anrichten.
4. Mit Knoblauch und klein zerhackter Petersilie bestreuen. Sofort mit dem Rest des Olivenöls beträufeln.

Dieses Gericht wird kalt oder warm serviert. Es gibt sehr ähnliche Rezepte in der Provence, auf Korsika, in Griechenland, in der Türkei und Italien. In letzter Zeit arbeiten die Chefköche sehr häufig mit der Rotbarbe bei innovativen Rezepten, da sie ein verwandlungsfähiger, nahrhafter Fisch und oft günstig zu ersteigern ist.

escabetx de ratjada
marinierter Rochen

* 1 kg geschälter und in Stücke geschnittener Rochen * 2 mittelgroße Möhren * 100 g Blumenkohl * 1 große Zwiebel *2 Artischocken * 1 Knoblauchknolle * 2 Lorbeerblätter * 1 dl Essig * 1 dl Weißwein * 1 dl Olivenöl * 1 EL süßes Paprikapulver * 1 gestrichener EL gemahlener Pfeffer * Salz

1. Möhren und Zwiebel schälen, in feine Scheiben schneiden. Anschließend die harten Blätter der Artischocken entfernen. Spitzen entfernen, vierteln oder in feine Scheiben schneiden.
2. Blumenkohl in kleine Äste trennen, gut waschen, im Sieb abtropfen lassen.
3. Öl in einer Pfanne erhitzen. Den Fisch mit Pfeffer und Salz würzen, im kochenden Öl frittieren, ohne dass er Farbe annimmt. Mit einem Spachtel herausnehmen, in eine greixonera oder Kasserolle legen.
4. In demselben Öl den Knoblauch goldgelb braten, Temperatur senken und Zwiebeln hinzugeben. Nach 10 Minuten die Möhren hinzufügen, mit Salz und Pfeffer würzen, mit Essig beträufeln. Wein und 1 dl Wasser hinzugeben. Danach Blumenkohl und Lorbeerblätter hinzugeben. Kochzeit um 15 Minuten verlängern.
5. Vom Feuer nehmen, Marinade erkalten lassen und über den Fisch gießen. Vor dem Essen das Gericht zudecken und einen Tag stehen lassen.

Dieses Rezept lässt sich mit verschiedenen auf der Insel hochgeschätzten einheimischen Fischen zubereiten, wie dem *gató* (Katzenhai) und der *mussola* (Glatthai oder Hundshai): kleine Haifische, die es leider immer weniger im Mittelmeer gibt.

aguiat de peix
Fischeintopf

* 6 Portionen Seeteufel * 800 g patató * 200 g frische gekühlte Erbsen * 1 Bund frische kleine Zwiebeln * 6 kl. Tomaten oder 3 mittelgroße reife Tomaten * 1 gestrichener EL süßes Paprikapulver * 1 dl Weißwein * 1 Zitronenschale * 4 EL natives Olivenöl * 1 Lorbeerblatt * 1 Bund frisches Moraduix (Majoran) * gemahlener schwarzer Pfeffer * 25 g Paprikafleischwurst * 1 EL geschälte Pinienkerne * 2 Knoblauchzehen * 4 grüne mallorquinische Oliven (wahlweise) * 3 Bund Petersilie * Salz

1. Die kleinen Zwiebeln schälen, dunkelgrünes Lauch entfernen, den weißen Teil in Streifen schneiden. Tomaten einige Sekunden lang in kochendem Wasser erwärmen. Vor dem Enthäuten und Schneiden abkühlen lassen. Kartoffeln schälen. Zitrone waschen und entschalen.
2. Öl in einer *greixonera* oder Kasserolle erhitzen. *Sofrito*-Sauce mit den kleinen Zwiebeln und der Tomate zubereiten. Sogleich das Pfefferpulver, die Zitronenschale und den Lorbeer hinzufügen. Mit einem Holzlöffel gut umrühren und mit Salz und Pfeffer würzen. Anschließend den Wein und 3 dl Wasser hinzufügen. Die ganzen Kartoffeln untermischen und ungefähr 10 Minuten kochen.
3. Erbsen hinzufügen und die Kochzeit um ungefähr 5 Minuten verlängern. Schließlich den Fisch hinzugeben. Separat, in einer sehr warmen Pfanne ohne Öl, die Paprikafleischwurst frittieren. Separat die entkernten Oliven, die gewaschenen Petersilienblätter und den geschälten Knoblauch klein hacken und alles ruhen lassen.
4. Pelle der Paprikafleischwurst entfernen. Im Mörser Hackfleisch mit den Pinienkernen, den restlichen klein gehackten Zutaten und der Paprikafleischwurst zubereiten. Dem Gericht beigeben und vor dem Servieren einmal aufkochen lassen.

Dieses Gericht wird in einer *greixonera* oder runden tiefen Kasserolle zubereitet: eines der meist genutzten Küchengeräte auf der Insel. Der Seeteufel ist ein köstlicher Fisch mit dunklem Fleisch, der sehr viele Zubereitungsformen zulässt, jedoch ist er vom Preis her recht teuer.

pasta de fetge
Schweineleberpastete

* 1/2 kg Schweineleber * 1/2 kg mageres klein gehacktes Schweinefleisch * 1/2 kg frischer durchwachsener Speck * 1 gestrichener KL Muskatnuss in Pulverform * 1 gestrichener TL gemahlener schwarzer Pfeffer * 0,5 dl Jerez * 0,5 dl Brandy * 25 g Trüffel (wahlweise)
* 1 gestrichener EL feines Salz

1. Die auffälligsten Sehnen der Leber entfernen und in bestmöglichste feine Stücke schneiden. Danach die Haut abziehen. Genauso mit dem durchwachsenen Speck verfahren.
2. Das Fleisch mit dem durchwachsenen Speck und die Leber in ein tiefes Gefäß geben, alles mit Salz und den Gewürzen würzen. Gut umrühren.
3. Brandy hinzugeben und auf Wunsch klein gehackte Trüffel. Erneut alles umrühren. Einen großen Topf mit Wasser erhitzen, die Mischung in eine kleinere Kasserolle geben.
4. Die Pastete im Wasserbad kochen, kleinere Kasserolle in die größere stellen. Sehr vorsichtig sein, damit das Wasser nicht überschwappt und die Pastete befeuchtet.
5. Zwei Stunden lang auf kleiner Flamme kochen, oft umrühren. Sobald die Pastete fertig ist, in kleine Keramikterrinen oder Kristallgefäße gießen. Mit einem Spachtel herunterdrücken. Vor dem Verzehr ein bis zwei Tage stehen lassen.

Dieses ist die mallorquinische Version der *Foie gras*. Auf Wunsch kann dieses Gericht als Konserve zubereitet werden. Hierzu müssen die Gefäße zuvor sterilisiert und anschließend in einem tiefen Topf mit kochendem Wasser gekocht werden.

frit de matances
Schweineschlachtbraten

* 300 g mageres Schweinefleisch * 300 g Schweineleber * 200 g frischer durchwachsener Speck * 2 rote Paprika * 500 g Kartoffeln * 1/2 Knoblauchknolle * 1 Lorbeerblatt * 1 Peperoni * Olivenöl oder Schmer * Salz * gemahlener schwarzer Pfeffer

1. Paprika längst schneiden, Stiel und Kerne entfernen, in Würfel mittlerer Größe schneiden. Sogleich die Kartoffeln schälen und wie bei der Zubereitung von Pommes frites in längliche Stücke schneiden.
2. Den durchwachsenen Speck waschen und zwischen zwei Lagen absorbierendem Küchenpapier abtrocknen. Anschließend in kleine Würfel schneiden. Die Leber und das magere Schweinefleisch auch in Würfel schneiden. Die Knoblauchzehen trennen, obere Schichten entfernen, nur die letzte übrig lassen.
3. In einer tiefe Pfanne/*greixonera*, 1 EL Olivenöl/ Schmer erhitzen. Die Speckstücke würzen. Sobald sie leicht goldbraun sind, einen Schuss Öl zugeben.
4. Sobald das Öl heiß ist, das magere Fleisch und die Schweineleber, die Knoblauchzehen, das Lorbeerblatt und den Pfeffer hinzugeben. Alles nach Geschmack mit Salz und Pfeffer würzen. Die Zutaten einige Minuten lang anbräunen. Separat in einer anderen Pfanne mit ausreichend heißem Fett die roten Paprika anbräunen, Kartoffeln frittieren.
5. Alle Zutaten gut vermischen, Salzmenge überprüfen, falls notwendig, korrigieren. Alles zusammen einige Minuten lang anbräunen. Warm oder lauwarm servieren.

Dies ist eines der zahlreichen *frit*-Rezepte, ein Gericht, das am Tag des Schweineschlachtfestes zubereitet wird. Es gibt zahlreiche Kombinationen. Leicht zu finden sind Rezepte, bei denen Schweinelendchen oder Hühnerklein, verschiedene Gemüsesorten, Fruchtfleisch, Meeresfrüchte, etc. hinzugegeben werden.

porcella rostida
geröstetes Spanferkel

1/4 Spanferkel

2 Knoblauchzehen

2 Zitronen

50 g Schmer

2 dl Olivenöl

2 gestrichene EL gemahlener schwarzer Pfeffer

1 gestrichener EL Salz

1. Den Metzger bitten, den inneren Teil des Spanferkels mit Schnitten zu markieren, was die spätere Zubereitung erleichtern wird. Gut von innen und außen waschen.
2. Die Pökelbrühe vorbereiten: Dafür einen Zitronensaft herstellen. Das Olivenöl und die Knoblauchzehen in eine Schale geben (falls nötig, die Zehen in der Mitte längst spalten und das Herz entfernen), fein würzen. Zitronensaft mit Pfeffer und Salz würzen und unterheben. Alles gut vermischen.
3. In jeden Schnitt, mit dem der Metzger zuvor das Spanferkel versehen hat, die Pökelbrühe geben. Das Fleisch innen und außen mit dem Rest beträufeln. Auf eine Kasserolle legen und einige Stunden ziehen lassen.
4. Fleisch umdrehen, mit der Haut nach außen. Über Nacht stehen lassen.
5. Am folgenden Tag Saft aus der Kasserolle entfernen. Schmer auf die Oberfläche des Spanferkels verteilen.
6. Herd auf 180 C stellen und ungefähr 10 Minuten kochen lassen. Die Kasserolle mit dem Spanferkel eine Stunde lang im unteren Teil des Backofens backen. Vor dem Herausnehmen den Garzustand überprüfen. Die Haut sollte gleichmäßig goldbraun und knusprig sein.

Das gegrillte Spanferkel wird mit einer gesalzenen *patató* serviert (sehr kleine Kartoffeln, die vor allem in *Sa Pobla* angebaut und mit Schale gekocht werden) und/oder einem grünen Salat. Das Geheimnis der besten Spanferkel besteht darin, sie auf Holzkohle zu grillen, eine der Spezialitäten der beliebten *cellers* (ehemalige Bodegas, die in Restaurants umgewandelt wurden).

llom amb col
Schweinelendchen in Kohl

* 500 g in Scheiben geschnittenes Schweinelendenstück * 400 g Kohlblätter * 250 g echte Reizker (wahlweise) * 1dl Olivenöl * 2 mittelgroße Möhren * 2 mittelgroße Möhren * 1 Scheibe durchwachsener Speck * 1 Blutwurst * 50 g Paprikafleischwurst * 2 dl Weißwein * 1 Lorbeerblatt * 1 Bund frischer Majoran (oder 1 TL trockenen Majoran) * 20 g Pinienkerne * 50 g Rosinen gemahlener schwarzer Pfeffer * Salz

1. Zwiebel schneiden, schälen, Majoran säubern. Tomaten erhitzen, enthäuten und fein würzen. Hauptstrunk der Kohlblätter entfernen, waschen und abtropfen lassen.
2. Gegebenenfalls Steinpilze säubern und klein schneiden. Die Paprikafleischwurst in kleine Stücke zerkleinern. Blutwurst in Scheiben schneiden, den durchwachsenen Speck würfeln. Lendenstück mit Salz und Pfeffer würzen.
3. Eine Lendenscheibe auf ein Kohlblatt legen, darauf ein wenig Paprikafleischwurst, zwei Stück Blutwurst und zwei Speckwürfel geben. Das Bündel schließen und mit der Öffnung nach unten auf das andere Kohlblatt legen. Das Bündel erneut schließen und mit einem Zahnstocher befestigen.
4. Die Hälfte des Olivenöls in einer Kasserolle erwärmen. Sobald es erhitzt ist, die Kohlbündel eine Minute auf jeder Seite auf großer Flamme goldbraun braten. Aus der Kasserolle nehmen und ruhen lassen.
5. In die Kasserolle das restliche Öl gießen, darin die klein geschnittene Zwiebel ungefähr 7 Minuten auf kleiner Flamme pochieren. Danach das Tomatenfruchtfleisch, die echten Reizkers (wahlweise), den restlichen Speck, die Paprikafleischwurst und die Blutwurst untermischen. Anschließend das Paprikapulver, das Lorbeerblatt, den Majoran, die Rosinen und die Pinienkerne beigeben. Mit Pfeffer und Salz würzen, weitere 5 Minuten ohne Temperaturerhöhung kochen.
6. Jetzt die kleinen Lendenbündel mit Kohl hinzufügen, mit Wein und Wasser ausgiebig beträufeln, sodass der Kasserolleninhalt bedeckt bleibt. Zugedeckt die Kochzeit ungefähr auf 20 Minuten verlängern. Vor dem Servieren Zahnstocher entfernen.

Von diesem Rezept gibt es viele Varianten. Die Reizker sind sehr geschätzte Pfifferlinge auf Mallorca. Sie sind auch unter dem Namen *esclata-sangs* bekannt. Eine kreative Variante dieses Gerichts ist die Zubereitung der vollständig eingewickelten Lende. Dazu wird der Kohl als Beilage serviert.

conill amb ceba

Kaninchen mit Zwiebeln

* 1 großes, in Stücke geschnittenes Kaninchen * 1 1/2 kg Zwiebeln * 1/2 Zitrone * 10 g Paprikafleischwurst * 8 geröstete Marcona Mandeln * 1 Knoblauchzehe * 1 Bund Petersilie * 1 dl Weißwein * 1 dl Olivenöl * 1 Lorbeerblatt * frisch gemahlener schwarzer Pfeffer * TL Pfeffer * 1 Prise Moraduix (Majoran) * 1 Prise Muskatnuss * 1 Gewürznelke * Salz

1. Zitronensaft zubereiten. Mandeln schälen. Kaninchen in Stücke schneiden und Fett entfernen, mit Pfeffer und Salz würzen, in eine Schale legen, mit dem Zitronensaft beträufeln. Eine Weile ziehen lassen. Zwiebel schälen und in Streifen schneiden. Knoblauch schälen und zerkleinern. Petersilie waschen, abtrocknen und sehr fein hacken.
2. In einer gut erhitzten Pfanne Paprikafleischwurst und die Hälfte der Kaninchenleber anbräunen. Pelle der Paprikafleischwurst entfernen. Alles zusammen im Mörser mit den geschälten Mandeln, dem klein gehackten Knoblauch und der Petersilie zerstoßen.
3. Öl in einer greixonera oder in einer Kasserolle erhitzen, Fleisch ungefähr 5 bis 7 Minuten goldbraun braten. Dann mit dem Schaumlöffel aus der Kasserolle nehmen und servieren. Im gleichen Öl, ungefähr 25 Minuten lang die Zwiebel auf kleiner Flamme mit einer Prise Salz dünsten. Ab und zu umrühren.
4. 1 TL Pfeffer hinzugeben, 1 Prise Muskatnuss und 1 Gewürznelke. Jetzt das Fleisch, den Wein, das Lorbeerblatt, eine Prise Moraduix (Majoran) und 1 kleines Gefäß mit Wasser hinzugeben. Das Gericht ungefähr 35 Minuten auf kleiner Flamme kochen.
5. In dem Mörser die Picada mit etwas Brühe des Gerichtes vermischen und dem Kaninchen beigeben. Weitere 5 Minuten kochen lassen.

Dieses Gericht wird in einer Kasserolle oder *greixonera* zubereitet. Wie fast alle Gerichte ist es köstlicher, nachdem es eine Nacht lang geruht hat. Es wird mit Bratkartoffeln serviert. Wahlweise kann das Kaninchen die Nacht zuvor mit einer Mischung aus Salz, schwarzem Pfeffer, Zitrone und Olivenöl mariniert werden.

fideus de veremar
Fadennudeln mit Wein

* 1/2 kg Schweine- oder Schafsfleisch * 2 oder 3 kl. Tomaten, oder 2 reife mittelgroße Tomaten * 1/ kg Zwiebeln * 400 g Fadennudeln * Öl * Salz * gemahlener schwarzer Pfeffer * Lammknochen

1. Lammknochen waschen und mit ihm zwei Liter Brühe zubereiten. Kaninchenfett entfernen, säubern, abtrocknen. Anschließend in mandelgroße Stücke schneiden. Zwiebel schälen und in Streifen schneiden.
2. Die Tomaten einige Sekunden erhitzen, vor dem Enthäuten ein paar Minuten abkühlen lassen, vierteln, Kerne entfernen und gut zerhacken.
3. In einer *greixonera* /Kasserolle, 4 EL Olivenöl erhitzten, ungefähr 10 Minuten lang die Zwiebeln mit einer Prise Salz leicht anbraten. Sobald sie goldbraun sind, zerhacktes Fleisch hinzugeben, Herdtemperatur leicht erhöhen. Alles zusammen noch ein paar weitere Minuten lang anbräunen, bis das Fleisch goldbraun ist.
4. Das klein gehackte Fruchtfleisch der Tomate hinzufügen, alles gut umrühren, auf mittlerer Flamme ungefähr 15 Minuten braten. Jetzt die Brühe über das Fleisch gießen. Das Gericht zwischen 1 1/2 bis 2 Std. kochen lassen, je nach Alter des Kaninchens.
5. Sobald das Fleisch schön zart ist, die Bandnudeln hinzugeben. Salzmenge überprüfen, falls notwendig, mit Salz und Pfeffer nachwürzen. Gut umrühren und die Nudeln 7 bis 9 Minuten je nach Angabe des Herstellers kochen lassen.

Das Dorf *Binissalem* legt Wert auf die Gütebezeichnung des Weinbaus in seinem Gebiet, denn die berühmtesten Feste sind der Weinlese gewidmet. Sie werden im Monat September gefeiert. Während dieser Zeit gehört es zur Tradition, Lammnudeln zu essen, eines der alten Gerichte der Winzer.

perdius amb xicra
gedünstetes Rebhuhn

* 4 Rebhühner * 1 Scheibe frischer durchwachsener Speck * 1 oder 2 große Blutwürste * 3 EL Rosinen * 3 EL Pinienkerne * 1 große Zwiebel * 1 dl Jerez * 6 EL natives Olivenöl oder Schmer * Salz * gemahlener schwarzer Pfeffer

1. Die Federreste der Rebhühner gut entfernen. Dies kann durch Abbrennen über dem Feuer geschehen. Köpfe und Inneren entfernen. Säubern und innen mit Pfeffer und Salz würzen.
2. Wurst und Speck vierteln, alles im Inneren jedes Rebhuhns verteilen. Öffnung mit einem Zahnstocher verschließen. Zwiebel schälen und sehr fein hacken.
3. Öl oder Schmer in einer Pfanne erhitzen. Nach Wunsch die Rebhühner auf allen Seiten goldgelb braten. Sie danach sofort mit einem Schaumlöffel herausnehmen und ruhen lassen. Im gleichen Öl die Zwiebel mit einer Prise Salz ungefähr 5 Minuten anbräunen. Sobald sie goldgelb ist, in den Jerez und 1 dl Wasser eintauchen.
4. Rebhühner von außen mit Salz und Pfeffer würzen, in die Kasserolle geben. Auf die niedrigste Temperatur stellen. Gericht ungefähr 25 Minuten kochen. Danach die Rosinen und Pinienkerne beigeben. Kochzeit um ungefähr 15 bis 20 Minuten verlängern. Um zu prüfen, ob die Rebhühner gar sind, mit einem dünnen Stab anstechen. Prüfen, ob Saft heraustritt oder nicht.

In der balearischen Küche sind getrocknete Früchte wie Mandeln oder Pinienkerne als Zutaten normalerweise ungeröstet. Sie können zur Intensivierung des Geschmacks auch geröstet werden. Hierzu genügt es, sie auf einer feinen Schicht von Packpapier auszubreiten und bei mittlerer Hitze im Backofen zu garen.

escaldums de pollastre
Hühnerfleischpfanne

* 800 g Huhn oder Henne * 300 g *patató* (kl. Kartoffel) * 1 Zwiebel * 1 Knoblauchknolle
* 50 g rohe Mandeln in Pulverform (mit dem Mörser zerkleinert) * 1 dl Brandy
* 2,5 dl Wasser * 1 Lorbeerblatt * Olivenöl * Mehl * Salz * gemahlener schwarzer Pfeffer
* 1 frisches Sträußchen Moraduix (Majoran)

1. Die Mandeln im Mörser zermahlen, bis ein feines Pulver entsteht. Zwiebel schälen und sehr klein hacken. Kartoffeln schälen. Moraduix waschen und abtropfen lassen. Sogleich das Huhn achteln, mit Pfeffer und Salz würzen, leicht einmehlen. Überschüssiges Mehl entfernen.
2. Die trockene Haut des Knoblauchs entfernen, ohne die Knoblauchzehen zu trennen. 2 EL Öl in eine Kasserolle/greixonera geben, Fleisch von allen Seiten braten. Sobald es gar ist, das Huhn mit einer Schaumkelle herausnehmen und ruhen lassen. Im gleichen Öl die Zwiebel auf kleiner Flamme pochiert zusammen mit der Knoblauchknolle und einer Prise Salz braten.
3. Anschließend, sobald die Zwiebel weich ist, Brandy, Wasser, das Lorbeerblatt und das Huhn hinzugeben. Würzen, den Majoran hinzugeben, das Gericht ungefähr 30 Minuten auf kleiner Flamme kochen.
4. Zuletzt die Kartoffeln in heißem Öl goldgelb anbraten, mit einem Schaumlöffel herausnehmen und ein wenig abtropfen lassen. Anschließend mit dem Mandelpulver in den Topf geben. Kochzeit auf kleiner Flamme um ungefähr 10 Minuten verlängern.

Dieses Gericht wird auch mit junger Henne zubereitet. Eine Prise Zimt kann hinzugeben werden. Die *patató* ist die meist benutzte Kartoffel in der mallorquinischen Gastronomie. Der Moraduix ist eine baleare Variante des Majorans mit einem sehr ähnlichen aber dennoch nicht identischen Geschmack.

03

01_Jungfrauenkrapfen

02_ Gebackene Äpfel

03_Mandelmilch

04_Arme Ritter

05_Honigkrapfen mit Mangold

06_Orangenpudding

07_Quittenpaste

08_Orellanas

09_Ensaimadapudding

10_Quark im Tontopf

11_Mandeltrommel

12_Mandelschmalzgebäck

Rezept für 4 Personen

Rezepte für Nachspeisen

bunyols de les verges
Jungfrauenkrapfen

* 250 g Mehl * 500 g Kartoffeln * 15 g frischer Sauerteig aus der Bäckerei * 2 dl Wasser
* Olivenöl zum Backen * Zucker * Salz

1. Kartoffeln schälen, zerschneiden, ungefähr 30 Minuten mit ausreichend Wasser und Salz kochen. In einem getrennten Gefäß in ein wenig lauwarmem Wasser mit einer Prise Salz den Sauerteig zerbröckeln und auflösen. Alles zusammen mit einem kleinen Löffel verquirlen, bis eine flüssige Paste ohne Klumpen entsteht.
2. Die Kartoffeln vollständig abtropfen und ein wenig erkalten lassen, bevor sie mit einer Puréepresse zerkleinert werden. Sobald das Gemisch fertig ist, die Sauerteigpaste hinzugeben und gut mit einem Holzspachtel vermischen.
3. Mehl durch ein Sieb geben, um Klumpenbildung zu vermeiden. Nach und nach zu den Kartoffeln geben. Konstant umrühren bis ein weicher und klebriger Teig entsteht.
4. Teig in einem Gefäß an einem warmen Ort ohne Windzug ruhen lassen bis sich sein Volumen verdoppelt hat (30 bis 60 Minuten).
5.Ausreichend Frittieröl/samtiges Olivenöl in einer Fritteuse erhitzen. Mit den Händen kleine Kugeln formen. In das Öl geben und goldgelb braten lassen.
6. Krapfen mit einer Schaumkelle herausholen. Einige Minuten lang auf eine Platte mit mehreren Lagen absorbierendem Küchenpapier legen und abtropfen lassen. Vor dem Verzehr mit ausreichend Zucker bestreuen.

Die Krapfen werden den Kindern nach dem Abendständchen am Abend des 20. Oktobers, dem Fest der Heiligen Jungfrau, gereicht. Krapfen sind eine typisch mediterrane Nachspeise, die es auch in Ländern wie Marokko, der Türkei, Griechenland oder in Ägypten gibt.

pomes al forn
gebratene Apfel

4 Äpfel

2 Orangen

1 Zitrone

1. Den Herd auf 180°C vorheizen. Saft aus den Zitrusfrüchten zubereiten, filtr eren und gut verrühren. Äpfel waschen und abtrocknen.
2. Mit dem Entkerner die Apfelgehäuse entfernen oder zuerst mit einem Messer einen Kreis um den Stiel des Apfels kerben und anschließend tief einschneiden.
3. Äpfel auf ein großes Backblech legen. Sofort die innere Vertiefung des Gehäuses mit dem Zitrusfrüchtesaft beträufeln.
4. Die Äpfel bei halber Ofentemperatur ungefähr 45 Minuten backen lassen. Alle 15 Minuten mit der Orangen-Zitronensaftmischung beträufeln.

Für dieses Rezept empfiehlt es sich, Varianten der leicht säuerlichen Äpfel zu wählen, wie z.B. *reineta*, *Granny Smith* oder *Canadá*. In der *Sierra de Tramuntana* im Norden der Insel gibt es hauptsächlich die orientalischen Apfelsorten. Klimatische Bedingungen, die das Gebirge und die Höhe schaffen, und die kalkhaltigen Böden verleihen dieser Frucht bestimmte Geschmackseigenschaften, die sie sehr begehrenswert machen.

Llet d'ametla
Mandelmilch

100 g rohe Mandeln

100 g Zucker

1 Zitrone

1 Stäbchen Zimt

1. Mandeln im Mörser zermahlen, bis ein feines Pulver entsteht. Zitrone waschen, abtrocknen, die Hälfte der Schale mit einem Messer oder Gemüseschäler entfernen. Darauf achten, dass das weiße und bittere Fruchtfleisch nicht entfernt wird.
2. Die geriebenen Mandeln mit Zucker in einer tiefen Kasserolle vermischen. Eventuelle Klumpen mit den Händen auflösen. 1 bis 1/2 l Wasser, Zimt und die Zitronenschale bereitstellen.
3. Auf großer Flamme erhitzen, bis die Mischung kocht. Anschließend Hitze auf die niedrigste Stufe drosseln, 3 Stunden ruhen lassen. Falls die Mischung dickflüssiger werden sollte, ab und zu Wasser hinzufügen, bis die gewünschte Struktur erreicht ist.
4. Warm servieren, mit süßem Kuchen oder Weißbrot, auch kalt in der Schale als Nachspeise.

Das ist die traditionelle Form der Mandelmilch. Bei der einheimischen Variante werden die Mandeln in einer Steinmühle zerkleinert. Eine Aufgabe, die die Mönche in einigen Klöstern vor dem Kochen übernahmen. In der mittelalterlichen Küche wurde die Mandelmilch für die Zubereitung süßer und salziger Speisen benutzt, wie die „*manjar blanco*“ (Mandelcreme).

llesques de papa
arme Ritter

12-16 Scheiben süßer Kuchen oder trockene Wiener Semmeln

1/2 l Milch

2 Eier

Zucker

3/4 l Bratöl

1. Trockenen Kuchen in 1,5 cm große Scheiben schneiden. Eier mit der Gabel in einem tiefen Gefäß schlagen. Die Milch in ein anderes tiefes Gefäß gießen.
2. Ausreichend Öl in einer tiefen Pfanne oder in einer Fritteuse ohne Körbchen erhitzen. Ein Tablett mit verschiedenen Lagen absorbierendem Papier neben der Pfanne vorbereiten.
3. Die Kuchenscheiben oder Semmeln nach und nach in die Milch tauchen, sodass sie durchtränkt sind, aber nicht auseinander fallen. Danach leicht abtropfen lassen und mit dem geschlagenen Ei überziehen. Jetzt von beiden Seiten im Öl goldgelb braten lassen.
4. Die fertigen „armen Ritter" auf das mit absorbierendem Papier vorbereitete Tablett legen und einige Minuten abtropfen lassen. Mit ausreichend Zucker bestreuen.

Dieses Gericht eignet sich zur Nutzung von Kuchen- oder Semmelresten. Diese sollten schon einige Tage alt sein, damit sie beim Eintauchen in die Milch nicht zerbröseln. In einigen mallorquinischen Bäckereien werden die *ensaimadas* oder die trockenen Kuchenscheiben schon abgepackt und für die verschiedensten kulinarischen Verwendungen verkauft.

bunyols de bledes amb mel

Mangoldkrapfen mit Honig

3 bis 4 Blätter frischer Mangold
50 g Mehl
0,76 dl frisches Wasser
1 Prise Salz
3/4 l Olivenöl
je nach Geschmack Honig oder Zucker

1. Zuerst den Mangold waschen. Strunk entfernen, Blätter trennen und ausgiebig in frischem Wasser waschen. Die fleischigen grünen Blätter trennen und in kleine Streifen schneiden Ofen auf mittlere Temperatur erhitzen. Zugedeckte Servierschüssel hineinschieben.
2. Anschließend in einem Napf Mehl und Salz verquirlen, eventuelle Klumpen mit der Hand auflösen. Nach und nach Wasser zugeben, mit einem Spatel oder Holzlöffel vermischen, bis ein klumpenloser Teig entsteht. Den in Streifen geschnittenen Mangold zu dem Teig geben. Erneut gut vermischen.
3. In der Pfanne Öl erhitzen, Teig löffelweise frittieren. Die Krapfen herausnehmen, sobald sie auf beiden Seiten goldbraun gebraten sind.
4. Die Krapfen auf einer Platte mit mehreren Lagen absorbierendem Küchenpapier abtropfen lassen. Servierschüssel aus dem Ofen holen und darin die Krapfen anrichten. Lauwarm, mit Honig beträufelt, servieren oder mit Zucker bestreuen.

Dies ist eine süße "Überlebensspeise": sehr alt und einfach. Sie kann auch gesalzen als Beilage für Fleischgerichte serviert werden. Der vielseitige Mangold wird häufig in der mallorquinischen Küche verwendet. Er sollte frisch genossen werden, da er sonst Vitamine verliert.

flam de taronja
Orangenpudding

250 ml natürlicher Orangensaft
5 Eier
2 EL Zitronensaft
200 g Zucker
1 EL Zucker

1. Zutaten wiegen und abmessen. Ofen auf 150° C vorheizen. Ein warmes Wasserbad hereinstellen. Orangensaft zubereiten, filtern, um eventuelle Kerne zu entfernen.
2. Saft in eine Schüssel gießen. Den Zucker mit einem elektrischen Rührgerät untermischen, bis er sich vollständig aufgelöst hat.
3. Eier schlagen und behutsam in den Saft untermischen. Darauf achten, dass nicht zu viel Schaum entsteht.
4. In der Pfanne Karamellzucker mit dem restlichen Zucker und Zitronensaft zubereiten. Alles kochen, umrühren, bis die Karamellfarbe entsteht. Sofort in die Puddingform gießen.
5. Die Mischung aus Saft und Eiern in die Form geben. Ins Wasserbad stellen und auf der mittleren Backofenschiene 25 bis 30 Minuten garen lassen. Beim Einstechen in die Mitte des Puddings mit einem Stäbchen sollten daran keine Puddingspuren zu sehen sein.
6. Den Pudding bei Zimmertemperatur erkalten lassen, bevor er in eine Servierschüssel gestürzt wird.

Benutzt man sehr süße Orangen für den Pudding, kann die Zuckermenge reduziert werden. Die Orangen aus der mallorquinischen Ortschaft Sóller werden wegen ihrer Qualität und ihres Geschmacks sehr geschätzt. Zur Orangenblüte ist das ganze Tal vom köstlichen Aroma der Orangenblüte erfüllt. Ein wahrhaftes Fest der Sinne.

codonyat
Quitten

1 kg Quitten
1 kg Zucker
2 Zitronen
Öl

1. Quitten mit einem leicht angefeuchteten Tuch säubern und leicht abreiben. Mit Schale achteln, Kerngehäuse entfernen und in eine tiefe Kasserolle legen. Zitronen waschen, abtrocknen, daraus einen Saft herstellen. Durch ein feines Sieb geben, Schale aufbewahren.
2. Fruchtstücke mit Wasser bedecken und in einer Kasserolle erhitzen, bis die Mischung siedet. Anschließend sofort die Temperatur drosseln. Quitten kochen, bis sie beim Einstechen mit einem Stäbchen oder Gabel weich sind. Jetzt die Frucht abtropfen lassen und mit einem elektrischen Rührgerät pürieren. Abwiegen und Gewicht notieren.
3. Das Fruchtpüree in eine Kasserolle zusammen mit der gleichen Menge Zucker, dem Saft und den Zitronenschalen geben.
4. Auf kleiner Flamme kochen. Konstant mit einem Löffel oder Holzspachtel umrühren, bis sich der Teig eindickt und sich von den Wänden der Kasserolle löst.
5. Den Boden und die Innenwände der Form mit in vegetarischem Fett getränktem absorbierendem Papier einfetten. Darauf die Quittenpaste gießen. Bei Zimmertemperatur vollständig erkalten lassen, damit vor dem Verzehr eine Form entsteht.

Zur Säuberung der aus Kleinasien stammenden Quitten genügt das Abwischen des Flaumes mit einem Tuch. Quitten können auch als Kompott zubereitet werden. Sie sind eine ausgezeichnete Beilage von Fleisch, vor allem Geflügel. Für die Griechen war die Quitte das Symbol der Freude, Liebe und Fruchtbarkeit.

orellanes
Orellanas

1 Ei

2 EL Zucker

4 EL Milch

1 TL Schmer

Mehl

Bratöl

1. Bei diesem Gericht zuerst ausreichend Mehl mit einem feinmaschigen Mehlsieb durchsieben. Anschließend in einem tiefen Gefäß das Ei schlagen. Schmer, Zucker hinzugeben. Alles mit Milch beträufeln. Zutaten mit den Händen mischen, damit durch die Wärme der Schmer seine feste Konsistenz verliert.
2. Das durchsiebte Mehl hinzufügen. Mehl langsam und nach und nach auf der Oberfläche des Gefäßes verstreuen. Gleichzeitig die Zutaten vermischen, bis ein homogener klumpenloser Teig entsteht. Er sollte weich sein, sich aber leicht von den Gefäßwänden lösen.
3. Die Oberfläche des Gemisches mit Mehl bestreuen. Den Teig mit einer in Mehl getauchten Küchenrolle glätten, bis eine feine Struktur entsteht. Anschließend den Teig mit einem Messer in kleine viereckige Stücke schneiden.
4. In einer Fritteuse ohne Korb ausreichend Öl erhitzen. Die orellanas braten, bis sie auf allen Seiten goldgelb sind. Jetzt mit einer Schaumkelle aus dem Fett entfernen. Die *orellanas* leicht abtropfen lassen, bevor sie in ein Gefäß gelegt werden. Vor dem Servieren mit ein wenig Zucker bestreuen.

Die Form der *orellanas* ist von Ort zu Ort unterschiedlich. Wichtig ist, dass sie fein und dünn sind. In einigen Dörfern wird der Teig für die *orellanas* mit geraspelten Orangenschalen und einigen Tropfen Anislikör abgerundet.

greixonera d'ensaïmada
Ensaimadapudding

2 trockene *ensaimadas* (oder) Semmel

1/2 l Milch

5 Eier

9 EL Zucker

1 Zimt- oder Vanillestäbchen

1/2 Zitrone

1. Die *ensaimadas* (oder ersatzweise die Semmel) zerkrümeln. Zitrone waschen, abtrocknen, die Schale mit einem Gemüseschäler entfernen. Weißen und bitteren Teil aussparen.
2. In einem Stieltopf Milch, ein Stück Zitronenschale, Zimtstäbchen und 5 EL Zucker erhitzen. Beim ersten Aufkochen sofort das Feuer ausstellen. Zitronenschale und Zimtstäbchen entfernen.
3. Ein 150°C warmes Wasserbad in den Ofen stellen. 5 Eigelb und 3 Eiweiß trennen, mit einem Handschneebesen schlagen, damit nicht zu viel Schaum entsteht. Eier und Milch vermischen, bis eine Creme entsteht.
4. In der Pfanne Karamellzucker mit dem restlichen Zucker und 1 EL Zitronensaft zubereiten. Kochen lassen und umrühren, bis die Karamellfarbe entsteht. In die Form gießen und die *ensaimada* zugeben. Jetzt die Creme hinzugeben. Am Rand mindestens einen Zentimeter frei lassen.
5. Die Form in das Wasserbad stellen und im Ofen ungefähr 25 Minuten garen lassen, bis die Oberfläche leicht goldbraun ist.

Diese Nachspeise ist auf der Insel Mallorca sehr beliebt und befindet sich auf jeder Speisekarte im Restaurant. Es ist die beste Art, *ensaimadas* und Semmel zu nutzen. Normalerweise wird sie in länglichen Backformen, in der Form eines Puddings, zubereitet. Diese gibt es in individueller oder in der 1 Liter Form. Mit Schlagsahne servieren.

greixonera de brossat
greixonera
Quark im Tontopf

1 kg Quark
200 g Zucker
2 dl Milch
7 Eier
2 Zitronen
1 TL Zimt in Pulverform
Butter zum Bestreichen der Form/*greixonera* (Tonkasserolle)

1. Herd auf 175°C vorheizen. Die Backform/*greixonera* mit Butter einfetten. Zitronen waschen, abtrocknen. Schale nur bis zum weißen und bitteren Teil raspeln.
2. Quark abtropfen lassen und in einen tiefen Topf geben. Eier zerschlagen und hinzugeben. Zucker, die geraspelte Zitrone, Zimtstange und Milch beigeben. Alles gut mit einem Spachtel oder Holzlöffel vermischen. Es kann auch per Hand vermischt werden.
3. Klumpen per Hand auflösen. Die *greixonera* oder Form mit der Mischung füllen. Auf der mittleren Backofenschiene ungefähr 40 Minuten backen, bis die Oberfläche goldbraun ist.
4. Vor dem Servieren die *greixonera* abkühlen lassen. Als Beilage je nach Geschmack Marmelade oder frische Fruchtgelatine servieren.

Für dieses Rezept eignet sich die *greixonera* oder Tonkasserolle. Sollten Sie darüber nicht verfügen, können Sie auch eine tiefe Kuchenform benutzen. Der Quark sollte eine erstklassige Qualität haben und aus Kuh- oder Schafsmilch sein. Das Gericht ist sehr kalziumhaltig.

tambor d'ametla
Mandeltrommel

250 g rohe Marcona Mandeln

250 g Zucker

1 Zitrone

Öl zum Einfetten der Backform

1. Ofen auf mittlere Temperatur einstellen. Mandeln auf ein mit Pack- oder Backpapier belegtes Ofenblech legen. Leicht goldgelb backen.
2. Falls notwendig, Mandeln vollständig schälen, in der Mitte durchschneiden oder längs in dicke Stückchen schneiden. Die inneren Wände und den Boden der länglichen Form mit einem Tuch oder Küchenpapier mit Öl einfetten.
3. Zitrone in der Mitte durchschneiden. Zucker in eine mittelgroße Stielpfanne geben, bis zum Schmelzen auf mittlerer Flamme braten. Er muss sich in einen sehr dunklen Karamell verwandeln. Jetzt die Mandeln hinzugeben, alles mit einem Holzlöffel vermischen.
4. Den Mandelkaramell in die eingefettete Form gießen und mithilfe der Zitronenhälften schnell verteilen, bis die ganze Form vollständig ausgefüllt ist.
5. Vor der Erhärtung muss der „*tambor*" mit einem Messer in Stücke geschnitten werden, um die gewünschte Form zu erzielen: Rauten, Quadrate, Rechtecke oder rechteckige Stifte.

Die *Tambor de almendras* ist ein einfaches Rezept, setzt aber ein gewisses Geschick bei ihrer Zubereitung voraus. Sowohl die Zeit für die Mandelmischung als auch das Verteilen und spätere Zuschneiden der Platten oder Stifte ist sehr kurz, da der Teig schnell abkühlt und sich verhärtet.

mantegades d'ametlla
Mandelschmalzgebäck

200g rohe Marcona-Mandeln
200g Schweineschmalz
200 g Zucker (in Pulverform)
200 g Mehl

1. Den Ofen auf 180 °C vorheizen. Ein Kuchenblech oder eine Backofenschiene vollständig mit Packpapier auslegen. Darauf die sehr gut geschälten Mandeln in einer feinen Schicht verteilen.
Auf mittlerer Backofenschiene goldbraun braten. Stets überwachen, da sie leicht anbrennen. (Sie sind nach 7 bis 20 Minuten oder sogar schneller fertig).
2. Sofort aus dem Ofen nehmen und vor dem Zerkleinern im Mörser abkühlen lassen. In feines Pulver zerkleinern. Separat, in einem mittelgroßen Gefäß, Mehl mit dem Zucker mischen. Eventuelle Klumpen mit den Händen entfernen. Schließlich das feine Mandelpulver untermischen.
3. Mit Schweineschmalz beträufeln. Die durchgeknetete Mischung beifügen. Dieses sollte per Hand geschehen, da durch die Wärme das Schmalz leicht schmilzt und in den Teig einfließt.
4. Temperatur auf 170°C drosseln. Per Hand Kugeln in Nussform aus dem Teig formen. Getrennt auf das Backpapier legen, ohne dass sie miteinander in Berührung kommen (ungefähr 2 bis 3 cm Abstand). Leicht mit den Handflächen zerdrücken und auf mittlerer Backofenschiene ungefähr 30 Minuten backen.

Die mallorquinische Mandel zeigt die größte einheimische Vielfalt. Sie ist durchaus vielseitiger verwendbar als andere Varianten. Mandeln werden auf Mallorca vorwiegend für die Zubereitung von Nachspeisen benutzt und in verschiedener Form verkauft: als Pulver, geraspelt, gewalzt, ganz, roh oder geröstet. Sie ist häufiger Bestandteil der mallorquinischen Gerichte.

Vokabular

Ametla o ametlla. Mandel

Anfós. Zackenbarsch

Botifarró. Eigene Wurst des Schlachtfestes. Ideal zum Braten auf dem Holzkohlegrill und als Beilage der Gerichte.

Brossat. Quark.

Camaiot. Wurst hergestellt aus dem Bein oder Hals des Schweins

Cap-roig. Roter Drachenkopf

cc. Teelöffel

Celler. Bodegas, obwohl auch die ehemaligen Bodegas, die in Restaurants mit traditioneller Küche umgewandelt wurden, so genannt werden.

Cocarroi. Makronen in Halbmondform, gefüllt mit Gemüse, Rosinen und Pinienkernen.

Colflori. Blumenkohl

Cs. Esslöffel

Escaldums. Gericht mit Huhn, Truthahn etc. und Kartoffeln.

Esclata-sang. Reizker

Frit. Gebraten. Gericht, bei dem Hühnerklein oder Lamm, Gemüse und Gewürze kombiniert werden.

Fonoll mari. Meeresfenchel mit Essig. Beilage für die Gerichte wie el *pa amb oli*.

Gató. Traditioneller Mandelkuchen.

Granada. Bezeichnung für ein Gericht, das traditionellerweise auf Auberginenbasis zubereitet wird.

Greixonera. Sehr häufige in der mallorquinischen Küche benutzte Tonkasserolle. Das darin zubereitete Gericht nennt man auch *greixonera*.

Llampuga. Goldmakrele, ein sehr häufig in Mallorca verzehrter Fisch, der die balearischen Gewässer bis Sommerende bevölkert.

Llampugueres. Netze zum Fangen der Goldmakrele.

Moraduix. Eines der häufigsten Gewürze der mallorquinischen Küche, ähnlich wie Majoran.

Palo. Typischer Kräuterlikör der Insel

Pa amb oli. Brot mit Tomate, Öl und Salz. Es wird mit Essig, Wurst oder Käse gegessen.

Panada. Gesalzene Makrone gefüllt mit Lammfleisch, Erbsen oder Fisch

Pataó. Kleine Kartoffel.

Porc negre. Schwarzes Schwein, einheimische Inselrasse.

Porcella. Spanferkel.

Possessió. Bezeichnung für ländliches Eigentum auf Mallorca. Ein großes Haus auf der Finca dient als Verwaltung und Produktionszentrum.

Robiol. Traditionelle Makrone in Form einer Halbmondes, gefüllt mit Marmelade, Fasermelonenkonfitüre und Quark.

Saim. Schweineschmalz, sehr häufig in der mallorquinischen Küche. Von dort stammt das Wort *ensaimada*.

Tàpera. Kaper.

Taperot. Kapernstrauch.

Tomate de ramellet. Häufig benutzte Tomate in der mallorquinischen Küche, unverzichtbar für die Zubereitung eines guten *pa amb oli*.

Xulla. Speck.

bibliografie

Alcàntara Penya, P.

Cuina mallorquina. Biblioteca Raixa nº 150. Ed. Moll. Mallorca, 1994.

Bàguena, N.

De l'antiga Roma a la teva cuina. Edicions El Mèdol. Tarragona, 1997.

Camba, J.

La casa de Lúculo o el arte de comer. Sugar R & B. Donosti, 1996.

Capel, J.C.

El banquete del mar. R & B Ediciones. Donosti, 1995.

Capel, J.C.

El pan nuestro. R & B Ediciones. Donosti, 1997.

Contreras I Mas, A., Pinya Florit, A.

La sobrassada de Mallorca. Cuina i Cultura. Ed. Consell Insular de Mallorca-Fodesma. Palma, 2000.

Cunqueiro, A.

La cocina cristiana de Occidente. Tusquets editores. Col. Los 5 sentidos. Barcelona, 1991.

Davidson, A.

La cocina del Mar Mediterráneo. Ed. Omega. Barcelona, 1996.

Fàbrega, J.

El llibre de les herbes i les espècies. Edicions de la Magrana. Barcelona, 1998.

Fàbrega, J.

El llibre del peix. Edicions de la Magrana. Barcelona, 1996.

Fàbrega, J.

La cuina de Mallorca. Edicions de la Magrana. Barcelona, 1999.

Ferrà Martorell, M.

L'ahir i l'avui de la cuina mallorquina. Ed. Sa Nostra, Caixa de Balears. Palma de Mallorca, 1992.

Frontera, B.

Aplec d'usos de cuina al Pla de Mallorca. Ed. Ingrama S.A. Inca, 1999.

Luján, N.

Historia de la gastronomía. Ed. Folio. Barcelona, 1997.

Millo, L.

El libro del pescado. R & B Ediciones. Donosti, 1982.

Revel, J.F.

Un festín en palabras. Tusquets Editores. Barcelona, 1996.

Riera, F., Oliver, J. Terrassa, J.

Peixos de les Balears. Conselleria d'Obres Públiques. Palma de Mallorca, 1995.

Ripoll, Ll.

Llibre dels vins, licors i per necessari. Col. Siurell. Ciutat de Mallorca, 1974.

Serrano, A.

Les receptes de na Tonina. Ed. Documenta Balear. Menjavents núm. 15. Palma de Mallorca, 1996.

Toussaint-Samat, M.

Historia natural y moral de los alimentos. Alianza Editorial. Madrid, 1991

Rezeptverzeichnis

in alphabetischer Reihenfolge